Beck'sche Reihe

BsR 1224

BsR

Wochenende für Wochenende benötigt der Anhänger des runden Leders Trost und Stärkung, um die demütigenden Bundesligaergebnisse, die entsetzlichen Fernsehkommentatoren oder das falsche Blond der Spielerfrauen zu ertragen. Dieses Lexikon gibt Halt. In klarer alphabetischer Ordnung versammelt es knapp 450 Einträge, die vergänglichen und unvergänglichen Namen und Begriffen des Fußballs gelten.

Was verbindet die Trainerlegende Sepp Herberger mit dem Seinsphilosophen Martin Heidegger? Welche Rolle spielen Religion und Sex? Worauf gründet das Weltbild der „Böttiger-Schule"? Was geschah beim „Büchsenwurf"? Wer hat ein „glückliches Händchen"? Und was sagen Peter Handke, Britta Steilmann und Walter Eschweiler dazu?

Auf solche und viele anderen Fragen antwortet dieses Lexikon, originell, angriffslustig und ballverliebt. Ein Buch für jede Saison. Ein Buch wie Mario Basler: „Immer gefährlich bei Standardsituationen".

Rainer Moritz, geb. 1958, promovierter Germanist, war von 1975 bis 1983 Schieds- und Linienrichter der Schiedsrichtergruppe Heilbronn. Heute amtiert er eher als Literaturkritiker und als Programmchef des Reclam Verlags Leipzig. Zahlreiche Buchpublikationen, darunter das Fußball-Lesebuch *Doppelpaß und Abseitsfalle* (1995).

RAINER MORITZ

Immer auf Ballhöhe

Ein ABC der Befreiungsschläge

VERLAG C. H. BECK

Mit einer Abbildung

(Petar Radenkovic, aus: Roderich Menzel: Die besten elf Torhüter. Düsseldorf: Hoch Verlag, 1996)

Die Deutsche Bibliothek – CIP-Einheitsaufnahme

Moritz, Rainer:
Immer auf Ballhöhe : ein ABC der Befreiungsschläge –
Orig.-Ausg. – München : Beck, 1997
(Beck'sche Reihe ; 1224)
ISBN 3 406 42024 9

Originalausgabe
ISBN 3 406 42024 9

Umschlagentwurf: Uwe Göbel, München
Umschlagabbildung: Gary Keane (Zeit Magazin Nr. 25, Juni 1974)

Gesamtherstellung: C. H. Beck'sche Buchdruckerei, Nördlingen
Gedruckt auf säurefreiem, alterungsbeständigem Papier
(hergestellt aus chlorfrei gebleichtem Zellstoff)
Printed in Germany

Inhalt

Vorbemerkung
(Seite 7)

Stichworte
Von „Abklatschen“ bis „Zweiter Frühling“
(Seite 11)

Literaturauswahl
(Seite 170)

Vorbemerkung

Dieses Fußball-Lexikon ist kein Nachschlagewerk der herkömmlichen Art. Wer wissen möchte, wieviel Länderspiele der Schweizer Linksaußen Jacques Fatton bestritt, wann der zypriotische Verein Anorthosis Famagusta gegründet wurde oder welcher Prozentsatz der Bevölkerung Nepals dem Leder nachjagt, hat das falsche Buch gekauft.

„Immer auf Ballhöhe“ ist polemisch, abschweifend, germanozentriert, melancholisch, BRD-lastig, subjektiv und unausgewogen. In seinen knapp 450 Einträgen tummelt sich vielerlei, was zum Unvergänglichen des Fußballs zählt; manches freilich dürfte der Leser vergeblich suchen – oder nicht dort finden, wo er es sucht. Dieses Buch setzt folglich geistig aufgeschlossene Konsumenten voraus, Menschen, die begreifen, daß die Zeilenzahl eines Eintrags nichts über dessen Bedeutung aussagt, die anerkennen, daß hier und da weiter auszuholen war, und die hinnehmen, daß nicht jedes Stichwort Realexistierendes beschreibt.

Ein ausgeklügeltes Verweissystem innerhalb der Artikel möge dazu dienen, das unsichtbare Netz dieses Lexikons zu erschließen. Die eifrig eingestreuten Zitate lassen sich in vielen Fällen über die im Literaturverzeichnis angeführten Publikationen aufspüren; etliches andere hingegen ist Produkt des flüchtigen gesprochenen Wortes. Auch diesem wurde jedoch immer mit großer Redlichkeit gelauscht.

Und jetzt: raus aus den Kabinen, raus aus den Katakomben: „Entscheidend ist auffm Platz.“ (Adi Preißler, Trainer von Rot-Weiß Oberhausen, → Fahrstuhlmannschaften)

Leipzig, im Februar 1997 *R. M.*

„Wir leben in einer Demokratie,
da kann jeder schreiben, was er will.“

Otto Rehhagel

Nichts geht mehr: → Radi macht dicht

A

Abklatschen

Läßt ein Torwart dies einem Ball widerfahren, so lädt er Schuld auf sich. Zu „kurz“ war seine Abwehr; die gewieften Torjäger des Gegners nutzen die Chance eiskalt, hauen das Ding rein. Betretene Miene beim Abklatscher.

Abseits

Vielen ein Rätsel. Ist, dem einzigen Bonmot zufolge, das von Reporter Jörg Wontorra („Bitte melde dich“, „Aus den Augen verloren“) überliefert ist, das „letzte Geheimnis der Männer“. In typischer Reversalprojektion, so der Sportpsychologe, sehen sich Frauen dann, wie Elke Heidenreich, als „Mädchen im Abseits“ oder, wie Sibylle Berg, als „Frau im Abseits“. Der Gelegenheitslyriker Hans Hummel hielt das Phänomen in seinem Gedicht *Abseits!* prägnant, wenn auch frauenverachtend, fest:

Emil Meyer, dieser tolle
Chef der Firma Schmalz & Kitt,
Nahm am Sonntag seine Olle
Wunschgemäß zum Fußball mit.

Ach, was mußte er ertragen!
Annilein, sein trautes Weib,
Fragte ihm mit Wohlbehagen
Die Gedärme aus dem Leib!

„Was ist foul? Und was sind Ecken?
Warum ist das Tor so klein?
Warum müssen Läufer decken?
Sag mal, Männe, *muß* das sein?“

„Warum heißt der Torwart Schafbaum,
Warum schmeißt er sich jetzt hin?
Machst *Du* auch mal Hand im Strafraum,
Wenn ich nicht zugegen bin?"

Meyer war schon gänzlich heiser,
Wie ein Spatz, der Kohlen frißt,
Doch sein Weibchen – nun schon leiser –
Fragte noch, was „abseits" ist.

Da schrie er mit letztem Mute,
Was ein jeder wohl begreift:
„Abseits ist, Du dumme Pute,
Wenn der Mann da unten pfeift!"

Sagt besser zu als Günter Grass' wenig später entstandenes schwerfälliges Gedicht *Nächtliches Stadion*: „Langsam ging der Fußball am Himmel auf. / Nun sah man, daß die Tribüne besetzt war. / Einsam stand der Dichter im Tor, / doch der Schiedsrichter pfiff: Abseits". Wieder einmal trägt die Hochliteratur nicht zur Klärung eines Phänomens bei. Übrigens: Der Bundeskongreß der Jungsozialisten forderte 1976: „Weg mit dem Abseits-Schwindel!"

Abseitsfalle

Unangenehm anzusehende Verabredung unter Abwehrspielern, durch die eifrige Stürmer reihenweise abseits „gestellt" und der Lächerlichkeit preisgegeben werden. Man „tappt", so das passende Verb, in die Abseitsfalle. Zu den erhebendsten und erhabensten Momenten eines Spiels gehört das „Überlaufen" (auf der dritten Silbe zu betonen) einer Abseitsfalle, eine Erscheinung, die kurzzeitig das strukturell Böse, die Falle, außer Kraft setzt.

Abstauben

Der Hausfrau Leid ist des Stürmers Freud. Einen Ball, der zu kurz abgewehrt (→ Abklatschen) wurde oder aus anderen Gründen im Fünfmeterraum herumliegt, geschwind über die Linie zu „drücken“, das ist ein Abstauber. Ein Fall für Gerd Müller, Frank Mill oder Fritz Walter den Jüngeren. Bringt ästhetisch wenig ein, höchstens 4,8 in der B-Note – andererseits: Tor ist Tor.

Abstieg

Abschied ist, dem Sänger Roger Whittaker zufolge, ein „scharfes Schwert“ und auch für Fußballer, als Abstieg, grausam. Etwa für die „roten Teufel“ aus Kaiserslautern, die es 1996 nach dreiunddreißig Jahren Bundesliga erstmals erwischte. Bereits 1990 hatte der pfälzische Heimatdichter Michael Bauer vor den Folgen gewarnt und um göttlichen Beistand gebeten: „Uf de Tribüne wachst vielleicht bal Moos! / D' Sunn versinkt uns noch genau am Mittelkreis! / Dort, wo de Peter Briegel in soim rote Hemd / Erumgerennt is, blüht es Edelweiß ... / Bewahr, oh Herr, de Betze vor dem Los!“ Gegen Abstieg hilft nur „sofortiger Wiederaufstieg“. Was den Lauterern 1997 prompt gelang.

Abstimmung

An der fehlt es häufig. Dann gilt sie als „mangelhaft“, und gegnerische Angreifer können machen, was sie wollen. Sache des Trainers, das zu ändern.

Abtasten

Vorspielpraktik. Die Mannschaften bezeugen Respekt voreinander und beschnüffeln sich ängstlich, anstatt forsch zur Attacke überzugehen. Manchmal dauert das Abtasten neunzig Minuten (→ Sex).

Abtauchen

Tun Spieler, von denen plötzlich nichts mehr zu sehen ist, die sich „verstecken“, keine Verantwortung übernehmen wollen. Wenn alle abtauchen, nahen Punktverluste. Mit dem Phänomen des „Diven“ (→ Klinsmann, Jürgen) nicht zu vermengen.

Abtropfen

Läßt man die Kugel. Sie feinfühlig, mit der Brust zum Beispiel, stoppen, auf daß sie, die Kugel, wie an der Schnur gezogen nach unten fällt – und dann Vollspann abziehen. Solche Szenen will man sehen.

Adalbert

Wo von der „Literaturunfähigkeit des runden Leders" (Konrad Paul Liessmann) gesprochen wird, tut es not, an bedeutende ballverbundene Gestalten der Weltliteratur zu erinnern, an Adalbert zum Beispiel, den unbeliebten Schüler in René Goscinnys prima Geschichten vom *Kleinen Nick*. Dieser hat unter seiner mangelnden Popularität auch beim Fußballspiele zu leiden: „Mit dem → Schiedsrichter, das war einfach. Wir haben Adalbert genommen. Adalbert ist Klassenerster und wir können ihn nicht besonders gut leiden, aber weil er eine Brille trägt, kann man ihn nicht richtig verhauen und für den Schiedsrichter ist das vielleicht gerade das richtige. Außerdem wollte keiner den Adalbert in seiner Mannschaft haben, nämlich im Sport, da kann er nichts und er weint immer sofort." Wie dieses Drama weiterging, kann jeder selbst nachlesen.

Adel

Hat gegenwärtig keine markante Affinität zum Fußball. Vermutlich haben die Blaublütigen andere Sorgen. Monacos Fürst Rainier, physiognomisch an Dieter Kürten und Jupp → Derwall erinnernd, kümmert sich um seinen AS auch erst, seitdem bei seinen Töchtern Caroline und Stéphanie jede Hoffnung verloren ist und Sohn Albert das Bobfahren nicht lassen kann. Während der Engländer seine Heroen des Rasens rasch nobilitiert (Sir Alf Ramsey, Sir Stanley Matthews), weist die Bundesliga kaum Von-und-zu-Elite auf. Heinz van Haaren, Thomas von Heesen, Gerd vom Bruch (so hieß ein Gladbacher Trainer, was er, wen wundert's, nur kurz blieb) – ist das alles?

Adidas

„Wir tragen Puma-Schuh und keine Adidas, weil Adidas erinnert uns an Caritas", heißt es in dem einprägsamen Lied, das „Die Mädchen & die Fußballmannschaft des ESV Blau-Weiß Bremen 5. Herren" 1991 zu Gehör brachten.

Akademiker

Eine solide Schulbildung oder gar ein Studium galten in Fußballerkreisen lange als Rarität. Doktor Kunter beispielsweise, der Frankfurter Torwart und Zahnarzt, war so einer aus der Zeit, als die Bundesliga in den Kinderschuhen steckte. Oder Karl-Heinz Thielen, der Ingenieur vom 1. FC Köln, und Bernd Gersdorff, der Braunschweiger Lehrer. Heute gibt's das, dank der Bildungsexplosion im deutschen Volk, häufiger. Oliver Bierhoff etwa fernstudiert irgend etwas. Sein Schwager ist – das gehört eigentlich nicht hierher – der Rennfahrer Bernd Schneider. Dessen Kollege Michael Bartels wiederum ist (oder war) Steffi Grafs Lover. Dessen Kollege wiederum ist der Italiener Alessandro Nannini, Bruder der promovierten (!) Rockröhre Gianna Nannini, die wiederum mit Edoardo Bennato das offizielle Lied der WM '90 in Italien sang: *Un'estate italiana.* In Deutschland hingegen trötete man Lieder wie *Fußball ist unser Leben* oder ließ Udo Jürgens (der, damit wir das Thema nicht verlassen, auch als „Professor" firmiert, was in seiner Heimat Österreich freilich immer noch das Alltägliche ist) *Buenas Dias, Argentina* schmettern. Das alles nur am Rande. Eine akademische Ausbildung bei Reportern (etwa Dr. Jürgen Emig vom Hessischen Rundfunk, dem das jedoch niemand anmerkt), Trainern und Schiedsrichtern ist, auch altersbedingt, nicht selten. Erinnert sei an Zahnarzt Dr. Markus Merk, Nervenarzt Dr. Volker Fischer, Bibliotheksdirektor Dr. Dieter Stäglich oder gar an Mathematik-Professor Wolf-Rüdiger Umbach und den Trainer-Professor Dettmar Cramer. Was schließen wir daraus?

Akpotorie

Auf derart originelle Weise feiert man den erfolgreichen Stürmer Jonathan Akpoborie. Manchmal gehört dem Volksmund eins drauf.

Albanien

Im deutschsprachigen Raum inzwischen von geringem Interesse. Die albanische Nationalmannschaft gewann 1946 den Balkanpokal. Wem nützen solche Informationen? In den Hinterstuben der Erinnerung geistert jedoch der 17. Dezember 1967, als die deutsche Mannschaft im Europameisterschafts-Qualifikationsspiel gegen Albanien, in Tirana, über ein torloses Remis nicht hinauskam und nicht in die Endrunde gelangte. Ein traumatisches Erlebnis, fast wie → Cordoba. Schiedsrichter gegen Albanien war damals der Österreicher Marschall. Zufall? Auch andere Länder haben ihr „Albanien": Bei den Azzurri etwa heißt es „Nordkorea", gegen das man sich bei der WM '66 mit 0:1 verabschiedete. Die italienischen Spieler, heißt es, hatten sich als Frauen oder Basketballer zu verkleiden, um unbeschadet den heimischen Flughafen verlassen zu können.

Alkohol

Steht auch mit dem Fußball in engem Kontakt, obwohl dessen Spitzenrepräsentanten den Drogen sonst „keine Macht" einräumen. Bier und Korn sind stärker: in der Nordkurve, auf der Trainerbank (Branko Zebec, Werner Biskup, Heinz Höher u.a.) und im Spieler(vor)ruhestand (Helmut Rahn, Rudi Brunnenmeier, Gerd Müller u.a.). Auch die Aktiven tun sich schwer: Uli Borowka, der Alt-Bremer Bodyguard, büßte gleich zweimal nach übermäßigem Alkoholgenuß seinen Führerschein ein und ging zudem unsanft mit seiner Angetrauten um. Wie Englands Rüpel Paul Gascoigne („Wer ihn sieht, weiß, warum die Normannen 1066 bei Hastings gewonnen haben", Wendelin Schmidt-Dengler; → Germanisten), zumindest wenn wir der Münchner „AZ" glauben: „Nach der EM verprügelte Paul seine Frau Sheryl." Wie Mehmet Scholl (→ Talente, ewige), der im Skiurlaub zu Zürs seine Team-Kollegen Kahn und Kreuzer attackierte: „Gründe: Seelische Krise (Trennung von seiner Frau Susanne) und Alkohol." („AZ") Und zu Hause, so will es das Klischee, sitzt der Bildschirmpantoffelheld mit Flaschenbier und Schnittchen im Sessel. Auch die Droge Nikotin ist dem Fußball nicht fremd (Cruyff, Menotti, Toppmöller, Happel, Stepanovic u.v.a.). Hören wir zum gesamten Motivkomplex Mario „Super" Basler: „Ich rauche, soviel ich will. Wenn der Abend schön ist, dann können es schon mal sechs oder sieben Biere sein. Ist er mies, dann trinke ich eben nur zwei." Unter Sepp → Herberger hätte es das nicht gegeben; der beschied einst dem Dortmunder Max Michallek: „Von mir können Sie nicht erwarten, daß ich Ihnen in der Halbzeit jeweils einen Asbach serviere und Ihnen die Zigarette anzünde."

Allerweltsfoul

Sei es gewesen, behaupten nach Spielschluß immer die, die völlig zu Recht Gelb oder Rot sahen.

Alm

In der Kultur seit jeher der Ort des Vorzivilisatorischen, wo der Watzmann ruft, eine Kräuterlimonade namens „-dudler" gemixt wird, wettergegerbte Gestalten wie die Geierwally oder der Öhi Kühe lila anstreichen, aufs Heidi, den Bergdoktor oder die nächste Lawine warten und voll Verachtung auf die Städter im Tal blicken. Auch vertraut als Ort geistiger Borniertheit (wie in Robert Schneiders Roman *Schlafes Bruder*, 1992) oder ausschweifender Libertinage (wie in Franz Josef Gottliebs Sexfilm *Auf der Alm, da gibt's koa Sünd'*, 1974). All dies ist auch in Bielefeld zu Hause, wo das Stadion „Alm" heißt. Und zum Glück immer noch so heißen darf, in Zeiten, da sich das Urwüchsige heute kaum mehr in den Namen der Stadien spiegelt. Wie einst mittelalterliche Trutzburgen liegen die gefürchtetsten Arenen nicht zu ebener Erde, sondern auf Betzen- und Bökelbergen, auf Giesings Höhen oder eben auf Almen. Lediglich der Bieberer Berg der → Offenbacher Kickers hat seinen Schrekkensnimbus längst eingebüßt. Die SG Wattenscheid spielt im Lohrheide-Stadion – ziemlich platt, der Abstieg war folglich nicht zu verhindern. Auch der Bornheimer Hang des FSV Frankfurt erwies sich als abschüssig. Andere spielen im Wald (Frankfurt), in einem Wildpark (Karlsruhe) oder gar in Degerloch (Stuttgarter Kickers). In einer Zeit, da alles nivelliert wird, gehen auch die großen Namen dahin. Schalke spielte einst in der Glückauf-Kampfbahn, heute im Parkstadion (typisch fürs Ruhrgebiet), Dortmund im Stadion Rote Erde, heute im Westfalenstadion, Stuttgart im Neckarstadion (für schwäbische Verhältnisse ein durchaus sinnlicher Name), heute im sponsorwillfährigen Gottlieb-Daimler-Stadion. Wann verläßt St. Pauli endlich das Millerntor und spielt im Alstergarten? Selbst Vereinsnamen sind Funktionären nicht heilig, und so formte man aus dem herrlichen Meidericher SV das dürftige MSV Duisburg. Aufrichtiges Mitleid verdienen die Einwohner von Fürth und Vestenbergsgreuth, deren Mannschaften fusionierten und unter dem läppischen Namen SpVgg Greuther Fürth auflaufen müssen. Darauf muß man erst mal kommen. Hingegen ist es völlig belanglos, daß der Pharmakonzern Bayer den Uerdingern seine Liebe entzog und diese nun als KFC Uerdingen firmieren.

Alsenborn

Erinnert sich irgend jemand an den dortigen Sportverein, der Ende der sechziger Jahre zum Schrecken der DFB-Oberen beinahe in die Bundesliga aufgestiegen wäre? Lenz, Schieck, Horr, Nepomucky, so klangvoll hießen Alsenborner Recken – Namen, Namen, Namen ... Namen sind überhaupt etwas Tolles: Santamaria, Rodekamp, Rivera, Matischak, Guermantes, Schnarr, Brenninger, Heidemann, Laband, Bründl, Sawitzki, Nafziger, Walitza, Kapitulski, Wenauer, Manglitz, Siemensmeyer, Kostedde, Perusic,

Pröpper d. Ä., Charlus, Orzessek, Loy, Kohlhäufl, Lütkebohmert, Pudelko, Mazzola, Schatzschneider, Villeparisis, Libuda ...

Amerell, Manfred

Das letzte Schiedsrichter-Urgestein, das die Bundesliga hervorgebracht hat. Aus Münchens rauhem Norden stammend, avancierte er zum unerbittlichen Rächer des Ungerechten. Seine Karten saßen so locker wie John Waynes Colt oder Werner Hanschs Stilblüten. Auch verbal teilte er aus gegen die leicht beleidigten Hätschelkinder, die es nie gewesen sein wollen. Als „Aquarell" versuchten sie ihn zu verhöhnen, den unbestechlichen Durchgreifer, der die Rote Karte mit loderndem Zorn in den Augen zückte und der uns den Glauben gab, daß die Gerechtigkeit – Aristoteles zufolge die höchste aller Tugenden – hin und wieder eine Chance hat. Vor ein paar Jahren schied er aus Altersgründen aus, und wenn man heute auf die Fröhlichs, Dardennes, Bergs und Malbrancs schaut, wünscht man sich einen wie Amerell. Keinen der Übereifrigen, die die Gelbe Karte am Handgelenk tragen, und keinen der Gequälten, denen die essigsaure Qual ins Gesicht geschrieben steht, wenn sie zur Gesäßtasche greifen müssen. Einen wie Amerell eben, den Zorro der schwarzen Zunft.

Amerika

Viele gelehrige Betrachtungen gibt es darüber, warum der Fußball in den USA keine rechte Breitenwirkung erzielt. Ehrlich gesagt, ist das schnurzegal – sollen die doch weiterhin ihre Energien in Baseball, Football und Anti-Raucher-Kampagnen verpulvern. Ein Gegner weniger.

Ampelkarte

Trug zur Attraktivitätssteigerung des Geschehens bei und bürdete den Unparteiischen, als hätten's die nicht schwer genug, ein Mehr an Verantwortung auf. Besteht im Gegensatz zur Ampelkoalition nur aus zwei Farben. „Fußball und

Politik haben", wie Klaus von Dohnanyi einmal ausführte, „manches gemeinsam." Anderes indes trennt sie, wie die Ampelkarte. Die rote Laterne und die roten Teufel haben mit alldem nichts zu tun.

Andechs

Bayerisches Kloster, gerühmt für sein starkes Bier. In der Andechser Kerzenkammer plazierte Karl-Heinz Wildmoser, Präsident der Sechz'ger, im Jahre 1994 eine weißblaue Kerze mit der goldenen Wachsinschrift „Als Dankeschön für den Wiederaufstieg in die erste Fußballbundesliga". Unverständige Betschwestern, vermutlich mit dem FC Bayern sympathisierende, protestierten gegen das ihnen lästerlich dünkende Treiben. Die Schrift ward abgekratzt, statt ihrer hat die Kerze nun eine Tafel umgehängt, mit gleichlautendem Text. Die Schwestern schweigen darob.

Anfield Road

Ein unscheinbarer Straßenname und doch ein mythologisches Dorado: „In Liverpool liegt das Stadion an der Anfield Road – allein schon dieser Name evoziert für Wissende einen Beiklang, wie ihn Troja oder Mykene bei Altphilologen freisetzen." (Dirk Schümer)

Angestellte

Sich kulturkritisch über den Niedergang des Fußballs Äußernde schelten dessen Akteure gerne so. Wer hat damit begonnen? Siegfried Kracauer in seiner Studie *Die Angestellten* (1930)? Oder Walter →Jens, der 1974 von den „Angestellten des FC Bayern" sprach? Nachgebetet wurde diese merkwürdige Formel oft: Knapp zwanzig Jahre später klagten Dietrich Schulze-Marmeling über „allein am Erfolgsprinzip orientierten Angestelltenfußball" und Helmut Böttiger über „Einbauküchen- und Angestelltenflair". (Nur Manfred Burgsmüller, der Trickreiche im Sturmzentrum, fiel aus der Reihe: „Die Jungen spielen wie Beamte.") Was, so bleibt zu fragen, ist am Angestelltenstatus so mißliebig?

Kommt dergleichen nicht auch unter Dozenten und Journalisten vor? Wo läge die Alternative: lauter kleine Freiberufler und Selbständige, die ihren eigenen Verein aufmachen, mit spontan zusammengezimmerten Küchenregalen? „Solch ein Gewimmel möchte' ich sehn, / Auf freiem Grund mit freiem Volke stehn." (*Faust. Der Tragödie zweiter Teil*)

Angstgegner

Gegen die gibt's meist eine saftige Packung. Gegen die kriegt man kein Bein auf den Boden. Weil man psychologisch sofort wahnsinnig blockiert ist, wenn man bloß ihren Namen hört. Angstgegner heißen ganz unterschiedlich: Freiburg, Köln, Plattling, Nadine, Uschi. Wer wessen Angstgegner ist und warum, läßt sich schwer erklären.

Angsthasenfußball

Spielen die, die sich nichts trauen, die mit Mann und Maus hinten reinstehen, erschrecken, wenn sie einen Fuß über die Mittellinie setzen, und beten, daß der Schiri bald abpfeift. Vom Angsthasen- zum → Hurrafußball ist ein weiter Weg.

Anzing, Katze von

= Sepp Maier, Torwart, 95 Länderspiele. Torhüter werden, dies am Rande, ob ihrer Sprungkraft gerne mit katzenartigen Tieren (siehe auch → Terrier) verglichen. Lew Jaschin etwa, der große Russe, wurde der Einfachheit halber „Schwarzer Panther" gerufen.

Applaus

Fernsehkrankheit. Kaum tritt ein Sportmoderator vor die Kamera, kriegt sich das aufgepeitschte Studiopublikum nicht mehr ein, anstatt wie früher zaghaft Tante Kläre in Hildesheim zu winken. In Interviews wird jeder halbwegs korrekt gebildete Satz frenetisch gefeiert. So geht die Sendezeit auch rum. Dann lieber La Ola, die Welle.

Ärzte

Während diese Berufsgruppe im Fernsehen und in Groschenromanen seit Jahrzehnten reüssiert, bleibt sie am Spielfeldrand unterbewertet. Erst Vereinsarzt Dr. Hans-Wilhelm Müller-Wohlfahrt, München, räumte mit diesem Vorurteil auf und ist seither auch auf Partys gerne gesehen.

Assistenten

Heißen seit der Saison '96/97 die, die früher Linienrichter hießen. Was Stephan Derrick recht ist, soll Hellmut Krug billig sein. Irgendwann in allernächster Zukunft bietet es sich an, auch den Schiedsrichter umzubenennen, in „Moderator", „Schlachter", nein: „Schlichter" oder „Conférencier".

Assists

Sind wieder etwas anderes: Zubringerdienste in dem Fußball fernstehenden Sportarten wie Eishockey. Weil man nicht immer auf den schnöden blanken Erfolgsakt schielen soll, wird auch derjenige lobend erwähnt, der den Torschützen „bedient", ihm „auf-" oder „vorlegt". Tore und „assists" lassen sich dann in eigenen Tabellen addieren, um die Verdienste der Adjudanten herauszustreichen, und da aller moderner Quatsch auch den Fußball infiltriert, reden die Wichtigtuer unter den → Reportern jetzt auch dort von „assists".

Augenthaler, Klaus

Abwehrspieler, der zu 27 Länderspielen kam, was das Jammertal der achtziger Jahre spiegelt. Bekannt für hausbackene Grobschlächtigkeit mit Lichtblicken. Unvergessen sein martialisches Foul an Rudi Völler. Wurde später interessanterweise Co-Trainer der Münchner Bayern. Als er in der Saison 1995/96 ein Spiel lang Chef sein durfte, wechselte er versehentlich gleich vier Spieler ein. Ein Jahr später mußte er auf Beckenbauers Geheiß gehen, das Urgestein. Wir werden seinen weiteren Karriereweg aufmerksam verfolgen. Erika Berger, die in die Jahre gekommene RTL-Sexratgeberin, sieht die Dinge und Augenthaler so: „Ein sehr erotischer Mann. Mit intelligenten Augen“.

Ausländer

„Mein Freund ist Ausländer“, hieß es 1992 in einer moralisch einwandfreien Kampagne des DFB. Mein Freund Christoph hingegen kommt aus Ratingen. Und nun?

Ausstatter

Klar, so nennt man die Sportartikelfirmen, die die Vereine mit dem Nötigen (Trikots, Schuhe, BMWs usw.) versorgen. Doch es geht auch komplexer: Lothar → Matthäus ist gelernter „Raumausstatter“, und Ottokar Wüst, der legendäre Präsident des VfL Bochum, arbeitete unter der Woche als seriöser „Herrenausstatter“. Bringt das weiter?

Auszeit

Wenn die eingeführt wird, gehe ich nach Hause.

B

Bachramow, Tofik

Sein Name komme nicht über unsere Lippen! (→ Wembley-Tor)

Bahn

Erst als Reichs- und Bundesbahn, „diese prachtvolle Institution“ (DFB-Präsident Peco Bauwens), zur schlichten Bahn schrumpften, kam der Begriff im Fußball auf. Auf selbiger tummeln sich Reuter und Konsorten, hin und her, bis Schrankenwärter wie Uli Borowka, Thomas Miller oder Günther Schäfer Einhalt gebieten.

Ball

Nein, nein, nicht immer das Gerede vom Ball, der rund sei, weil er sonst ein Würfel wäre, der keine Seele habe, ein Geheimnis in sich trage und ein „symbolisch generalisiertes Kommunikationsmedium" (Hartmut Esser) darstelle. Statt dessen ein Witz: „Zwei Fußbälle kommen ins Plaudern. ‚Seit einiger Zeit hüpfst du so seltsam', wundert sich der eine. ‚Ich habe mich auf Eckball umschulen lassen.'" Zugegeben, klingt ein wenig wie auf den Scherzseiten in der „Bäckerblume" oder in „Lukullus", der Zeitschrift der Fleischer-Fachgeschäfte. Dann ein Versuch mit Melchior Vischer und seinem Theaterstück *Fußballspieler und Indianer* (1924), wo ein Ball wie folgt begrüßt wird: „Siehst du nicht – es ist rund – es ist alt und weise – denn nur die Jugend ist spitz, eckig und kantig –." Wenig später spricht das dramatische Personal vom Ball als „rollendem Schädel".

Ballgefühl

Ob der Ball selbst fühlt wie du und ich, ob er sensibel ist, gehört in den Bereich des Unentscheidbaren (→ Religion). Ballgefühl besitzen Spieler, die mit den Unwägbarkeiten und Tücken, die das Leder oder der Rasen mit sich bringen, umzugehen verstehen und wissen, was es, das Leder, gerade braucht.

Ballhöhe

Auf der sollte sein, wer nach Überblick verlangt. Gute Schiedsrichter sind bemüht, „immer auf Ballhöhe" zu sein, was angesichts der Sprunghaftigkeit des Objekts und der zunehmenden Athletik nicht leicht ist. Gute Linienrichter hingegen streben danach, immer auf der Höhe des „letzten Mannes" des abwehrenden Teams zu sein (was – meine lieben Regelunkundigen – nicht der Torwart ist, sondern der „vorletzte" Mann, bezogen auf die Nähe zum eigenen Tor, allerdings nur, sofern der Torwart der „allerletzte" ist … noch Fragen?).

Bananenflanke

Relikt aus der guten alten Zeit, als der Hamburger Manfred Kaltz in aller Gemütsruhe seine langsamen, bananenförmig gekrümmten Flanken von der Seitenauslinie in den Strafraum segeln ließ. Heute würde er schon bei der Ballannahme empfindlich gestört. Frühe literarische Erwähnung der Bananenflanke, avant la lettre gewissermaßen, in Friedrich Torbergs Roman *Die Mannschaft* (1935): „Es ist unglaublich, wie langsam ein Ball so durch die Luft daherkommt. Man kann währenddessen fast ein ganzes Leben überdenken." In Paul Austers Drehbuch zu *Blue in the Face* (1995) findet sich die verblüffende Stelle: „Bananenflanke gibt auch 'n Tor" – eine höchste fragwürdige Ansicht. Und: Wie mag das im englischen Original geheißen haben?

Banks, Gordon

Fabelhafter Torwart, der England den WM-Sieg '66 sicherte. Sicher wie die Bank dort, sagte man.

Battiston, Patrick

Französischer Verteidiger. Von Torwart Harald „Toni" Schumacher 1982 bei der WM mit der Faust voran niedergepflügt, was dem zu Boden Gestreckten Zähne kostete. Der Übeltäter erklärte sich im Anschluß bereit, dem Franzmann die Jacketkronen zu bezahlen.

Bayern München, FC

An ihm scheiden sich die Geister. Wie kein anderer Verein eignet sich der Münchner Nobelclub dazu, im eigenen Freundeskreis die Spreu vom Weizen zu trennen. Wer außer einem Bayern-Anhänger möchte mit einem Bayern-Anhänger näher bekannt sein, mit ihm ein Bier trinken oder Nöte und Sorgen teilen? Mit einem Dortmund-, Köln- oder, wenn es sein muß, KSC-Sympathisanten läßt sich ein Abend zur Not überbrücken, doch wie dergleichen zuwege bringen mit Menschen, die auf Zickler, Helmer, Kahn oder Matthäus stehen?

Fangen wir vor Ort an: Dem Urmünchner gilt der FC Bayern wenig; sein Herz schlägt, so zumindest die Legende, bis heute für den Lokalrivalen 1860 München, für die Löwen, die Sechz'ger, die Blauen – nicht für die Roten des FC Bayern, die Neureichen, die Zugereisten von der Säbener Straße. Deren Traditionsverbundenheit ist oftmals eine bloß künstlich erzeugte: Neue Spieler aus Brasilien oder Belize zwängt man in Trachtenjanker oder Lederhosen und gibt ihnen einen Bierkrug in die Hand. Wenn es nur bilderbuchbayerisch aussieht. Anders steht es um die Zuneigungsrate, je weiter man sich aus der Landeshauptstadt entfernt: Dort erwacht plötzlich überraschende Liebe, dort tragen Schulkinder Bayern-Schals und schwärmen für Zickler & Co., obwohl Duisburg, Essen oder Schalke vor der Haustüre liegen. Der Anhänger des FC Bayern ist also zuallererst ein Fremder, ein Entwurzelter, oft ein Entrechteter, der in seinem Leben liebend gerne zu den Gewinnern gehören möchte und sich deshalb einem Verein anschließt, der nach Wahrscheinlichkeits- und Risikoabwägung die besten Chancen hat, Meister zu werden. Deshalb wahrscheinlich wählen auch viele Helmut Kohl, sehen Karl Moik und sind gegen Ausländer. Daß Sportler anderer Disziplinen sich sicherheitshalber anderen Erfolgreichen anschließen und, nachdem sie wie Boris Becker in Flushing Meadows in der ersten Runde ausgeschieden sind, auf der Ehrentribüne herumlungern, daß die bayerische Alleinregierungspartei, die CSU, enge Kontakte zum FC unterhält, fügt sich in dieses sozialpsychologisch fundierte Bild („Gleich zu gleich gesellt sich gern").

Grundlage der Erfolgserwartung sind die siebziger Jahre, als die Bayern nationale und internationale Titel wie andere Losnieten einheimsten und Spieler wie Beckenbauer, Maier, Müller oder Breitner in ihren Reihen hatten, die – objektiv gesehen – nicht zu den Allerschlechtesten ihres Fachs zählten. Das brachte Ruhm, Fans und vor allem Geld, mit dem in den folgenden zwanzig Jahren verbissen versucht wurde, den Glanz der goldenen Siebziger zurückzuholen. In den achtziger Jahren gelang dies mit ein paar Meisterschalen gerade mal so, wenngleich im Europacup kein Blumentopf mehr zu gewinnen war. Danach nahm das Dunkel zu, Niederlagen häuften sich, und mit den Titeln haperte es auch.

Zartfühlend-intellektuellen Kreisen war die pragmatische Spielweise der Münchner immer unangenehm. Sie galt als Verkörperung ergebnisorientierten Gekickes (→ Angestellte), dem es an Herzblut und Leidenschaft fehlt, oder postmoderner Jeder-muß-selbst-schauen-wo-er-bleibt-Kultur. Während der Gegenentwurf → Mönchengladbach ein paar Sommer lang tanzte und → Hurrafußball bot, begnügten sich die Bayern mit dem Nötigsten, mit 1:0-Siegen. Daran hat sich bis zu Giovanni Trappatoni nichts geändert. Erschwerend kam hinzu, daß es der Verein nie verstand, seinen Erfolg würdig zu begehen und sich wie Borussia → Dortmund einen dezenten Anstrich zu geben. Stefan Effenberg, kurze Zeit für die Rothosen spielend, faßte es prägnant zusammen: „Meister können eh nur wir werden, die andern sind zu blöd." In der typischen Geldsackattitüde des Parvenüs trug man seinen Reichtum zur Schau, leistete sich Millioneneinkäufe, die verkümmerten und ihre großen Taten meist andernorts vollbrachten (wir erinnern an McInally, Hughes, Del'Haye, Sigurvinsson, Mazinho, Valencia, Laudrup, Klinsmann, Papin, Kostadinov, Sforza, Herzog, Sutter ...) oder hält sich mit Uli → Hoeneß einen Manager, der sich erst gar keine Mühe gibt, seine Ich-kann-jeden-kaufen-wenn-ich-will-Haltung mit einem Wir-sitzen-alle-im-gleichen-Boot-Mäntelchen zu verschleiern. Der „Klassenkampf", den das St.-Pauli-Fanzine '89/90 sah, kommt nicht von ungefähr. Bayern München, das ist die häßliche Seite, die blanke Fratze des Spätkapitalismus, würden kulturkritische Beobachter schreiben. In dieser Rolle erfüllt der Club eine wichtige Ventilfunktion. Wenn Bayern verliert, besonders gegen Freiburg, Rostock oder Vestenbergsgreuth, läuten für die anderen Festtagsglocken. Und da das in den letzten Jahren relativ häufig passiert ist (so beim herrlichen UEFA-Cup-Aus '96 gegen Valencia in der ersten Runde!), kann es um den deutschen Fußball nicht ganz schlecht bestellt sein.

Beck-Dülmen, Rudolph

Arzt, Musiker, Philosoph und Schriftsteller. 1885 in Stuttgart geboren, daselbst 1956 verstorben. Übte vor allem mit seiner Schrift *Psychopathologie des Erwerbssinns* (1939) nachhaltigen Einfluß auf Sepp → Herberger aus. Beide trafen sich oft zu ausgiebigen Spaziergängen im Odenwald. Beck-Dülmen, heute fast vergessen, fungierte lange Zeit als Berater des VfB Stuttgart; ihm wird, „hinter den Kulissen", maßgeblicher Anteil an der Deutschen Meisterschaft von 1952 zugesprochen. Die ihm angetragene Ehrenpräsidentschaft lehnte er ab.

Beckenbauer, Franz

Schwieriger Fall. Zuerst die rohen Fakten: über 400 Bundesliga-, 103 Länderspiele. Von 1958 bis 1977 als Spieler (→ Libero) beim FC Bayern München, später dessen Trainer und Präsident. Zahllose Auszeichnungen. Von 1984 bis 1990 „Teamchef" der deutschen Nationalelf. Ein Lebenslauf von Geld und Lorbeer gekrönt. Und dennoch: kein Typ zum Gernhaben, zuviel Sieg, zuviel Arroganz, zuviel dummes Gerede. Seine Anhänger, vornehmlich aus dem Münchner Lager stammend, titulieren ihn mit entrückten Begriffen wie „Kaiser" oder „Lichtgestalt" (→ Religion), andere wie Uli Stein nannten ihn „Suppenkasper".

Was bleibt von ihm? Seine erste Frau Brigitte, seine Werbung für Tütensuppen („Kraft in den Teller, Knorr auf den Tisch"), seine gesangliche Nicht-Begabung (*Gute Freunde kann niemand trennen*), seine Willy-Brandt-Abneigung („nationales Unglück"), seine protzige autobiographische Prosa (*Ich. Wie es wirklich war* u.a.), sein einsamer Gang über den römischen Rasen nach dem WM-Sieg 1990, seine Neureichenleidenschaft für die Bayreuther Festspiele und den Golfplatz – und natürlich: seine fußballerische Eleganz, „wunderbar fließend" (Manfred Burgsmüller), seine Pässe aus dem Fußgelenk, seine – wie es der Bewunderer Martin Heidegger nannte – „Unverwundbarkeit", sein (untypisches und deshalb so einprägsames) Aufbäumen mit Armschiene im WM-Halbfinale gegen Italien 1970 (→ Schnellinger, Karl-Heinz), sein Karriereausklang in Hamburg, seine Bewunderung für Ernst Happel, von dem ihn Welten trennten. Franz Beckenbauers selbstverschuldetes Unglück ist sein demonstrativ zur Schau getragener Erfolg. Wer liebt schon Bill Gates, Ron Sommer oder Wolfgang Joop? Daß er 1996, nach Otto Rehhagels Rauswurf, als Interimstrainer die Meisterschaft verfehlte, kratzte erstmals und wohltuend an seinem → Mitsubishi-Lack. Die blinde Liebe, die ihm die TV-Hofschranzen entgegenbringen, steht zur Substanz seiner Verlautbarungen in keinem Verhältnis. Beckenbauers Spielanalysen sind willkürlich, meist wirr drauflos geplappert, kaum von Regelkenntnis beeinflußt, und Äußerungen von heute zählen am Morgen danach wenig. So mag man Beckenbauer für vieles bewundern, in der Nachweltperspektive wird sein Glanz wohl verblassen: das Authentische, das Echte, das einen Sindelar, einen Fritz Walter oder einen Uwe Seeler auszeichnet, fehlt. Der Publizist Johann Skocek hat dies unverblümt festgehalten: „Beckenbauer ist der ins Gigantische aufgeblasene Bildungsbürger des Fußballs, alles, was ihn auszeichnet, treibt Beckenbauer, und mehr: die Pflichterfüllung, die Heimattreue, die Ordnungsliebe, das Gottvertrauen, die Aufsteigersehnsucht, die Geldgier", und: „Beckenbauer wird alles nichts nützen. Wenn er die letzte Glosse hat schreiben lassen, das letzte Mal auf seinen eigenen Verein hingehackt hat, werden selbst die Deutschen erkennen, daß von ihrem ‚Kaiser' nichts übriggeblieben ist. Ein paar Pokale stehen im Schrank, ein paar Titel klirren durch die Zeiten, aber das ist keine Idee, kein System, nicht einmal eine Schule, an die das Herz sich zu hängen lohnte." Das ist hart ausgedrückt, doch Skocek hat, obwohl Österreicher, recht. So gesehen, ist Franz

Beckenbauer womöglich eine tragische Figur. Ein Kaiserschicksal?

Begnadet

Ist ein Adjektiv, das – was wohl mit seiner religiösen Komponente zu tun hat – auf sehr, sehr wenige Fußballer zutrifft. Zum Beispiel auf di Stefano, Pelé oder Maradona.

Beine

Haben, da der Fußball „meistens immer mit der unteren Figur" (Heinz Erhardt) gespielt wird, enorme Bedeutung. Aufmerksamkeit erlangen sie vor allem bei außergewöhnlicher Formung. Die Tricks des brasilianischen Flügelstürmers Garrincha etwa verdankten sich dem anatomisch selten anzutreffenden Umstand, daß sein rechtes Bein um sechs Zentimeter länger als das linke war. Berühmt auch Pierre Littbarskis X-Beine (oder O-?), Willi Lippens' Abnormitäten oder Gerd Müllers phänomenal stämmige Oberschenkel.

Beinschuß

Einem Spieler, am besten dem Torwart, den Ball durch die weitgeöffneten Beine schieben oder schießen, ihn „tunneln", wie der Kenner sagt. Gilt für den Gepeinigten als gräßliche Demütigung, als „Höchststrafe". Einmal einen Beinschuß gegen Beckenbauer – so sehen Jugendträume aus.

Bertis Buben

So originell war ein Comicmachwerk der Herren Mathesdorf und Sponholz betitelt, das zur Europameisterschaft '96 den Buchmarkt belastete. Gezeichnet zum Gotterbarmen und witzig wie Egon → Coordes. Übrigens: Die Käserei Weihenstephan produziert kleine, reizende Camemberts unter der Bezeichnung „Baby-Bertis".

Besen, neue

Daß diese „gut" kehren und deshalb alte, von Sieglosigkeit gezeichnete Trainer schnurstracks entlassen werden, ist eine Behauptung, die jede erfahrene Hausfrau ins Reich der Legende verdammen würde. Besen müssen eingefegt sein, um mit dem vielen Schmutz fertigwerden zu können. Mein altes „Hausfrauen-Lexikon" rät: „Man merke für alle Besen: Nicht zu stark drücken! Nach Benützung reinigen." Ob das alle wissen, die ständig nach den neuen Besen, nach den Neururers, Lorkowskis, Bergers und Daums rufen?

Blickensdörfer, Hans

Alteingesessener Stuttgarter Sportjournalist, der auch als Romancier (*Die Baskenmütze*) hervortrat. Im fortgeschrittenen Alter neigt „bli" zur kühnen bildlichen Rede und als Biograph von Beckenbauer und anderen zur hörigen Bewunderung. In seinem unverzichtbaren (→ unabsteigbar) Standardwerk *Jürgen Klinsmann* (1995) lesen wir über den blonden Götterliebling und gelernten Bäcker vom Rande der Schwäbischen Alb: „Er kann nicht nur den Teig für Brote und Brezeln, sondern auch den seines Lebens mischen." Und weil wir das Private in herzerwärmenden Biographien nicht missen wollen, darf die Stürmergattin nicht fehlen: „Ziemlich sicher indes ist für alle, die Debbie und Jürgen kennen, daß die Wahl seiner Miss keine Mißwahl war." Überblickt man die stilistische Entwicklung des Blickensdörferschen Œuvres, tut sich freilich Kontinuität auf. Bereits in *Ein Ball fliegt um die Welt* (1965) steht zu lesen: „Das wilde, hüpfende Leben des Balles erlischt wie das einer Kerze, deren Flamme wir ausblasen." Und auch in anderen Sportarten kennt er sich aus: „Einer Steffi Graf wird es an männlichen Bewunderern nie fehlen. Bloß, da stellt sich, geboren aus natürlichen Erkenntnissen, ein Hindernis auf. Eigenartig beschaffen muß der Mann an der Seite einer erfolgreichen Amazone sein." Das verdient, zwei- oder dreimal repetiert zu werden.

Blind

Ist neben dem Schieds- und Linienrichter auch das ungestüme Anrennen (→ Brechstange) aufs gegnerische Tor.

Blitzsauber

Sind Tore, die „wunderschön“ herausgespielt wurden, an denen absolut gar nichts auszusetzen ist und nichts Unfeines haftet. Ersatzvokabeln: astrein, saustark.

Blond

„Fußballer stehen von Haus aus auf Blondinen“, so in Dan Kavanaghs Roman *Abblocken*. Langes Blondhaar, ein bißchen dauergewellt, ein bißchen Claudia-Schiffer-, Nina-Ruge- oder Veronica-Ferres-Verschnitt, wie aus einem Frauenmagazin. So hat es der deutsche Fußballprofi gerne, so was möchte er oben auf der Tribüne sitzen und die zierlichen Daumen drücken sehen. Immer häufiger werden jedoch Gattinnen durch Groupies (→ Teenie-Idole) ersetzt. Ratschläge für die angemessene Profibetreuung finden sich in *Freistoß*, einer Erzählung der Australierin Kathy Lette; hören wir eine neue Folge „Frauen unter sich“: „Also, wir gehn nicht auf die zu und quatschen die an. Das iss schomma Regel Nummer eins. Und die Jungs ja nie zu Hause anrufen. Die meisten ham sowieso Geheimnummern oder so. Und den Mund mußte auch halten, darfste nich drüber quatschen, mit wemde im Bett gewesen bist. Oder wasde mit dem gemacht hast ... Also gut, wenn es schon sein muß, dann machs aber bitte richtig. Im Bett gips nämlich auch so ne Art Etikette, verstehste mich? Also zuerst möchten sie einen geblasen kriegen. Und dann hamses eilig, weilse nach Hause müssen zu ihren Frauen, also kurz einmal drüber, und das war's dann schon. Trotzdem mußte ihr Selbstvertrauen aufbaun. Das iss gut für die Leistung aufm Spielfeld und so.“ Ob blond, ob braun, der Mann mit Ball liebt alle Frau'n.

Blutgrätsche

Ausgesprochen plastische, wenn auch von feinfühligen Berichterstattern eher gemiedene Vokabel, die zeigt, wie der Wandel überall waltet. Früher, als Berti Vogts, Wolfgang Dremmler und die Förster-Buben spielten, nannte niemand die Blutgrätsche Blutgrätsche. Damals galt das Von-hinten-in-die-Beine-Schliddern als prächtiges Tackling, das den eisenharten Verteidiger auszeichnete. Die Blutgrätsche wiederum ist nicht zu verwechseln mit dem Fußangriff in der Luft, wie ihn der französische Stürmer Eric Cantona bei einem englischen Ligaspiel gegen vorlaute Zuschauer anwandte. Heute gibt es für die Blutgrätsche vom konsequenten Schiedsrichter sofort Rot. Glück gehabt, Berti, Gnade der frühen Geburt.

Bogenlampe

Eine ästhetisch wertvolle und deshalb vom Aussterben bedrohte Schußvariante, bei der der Ball, dem Lob im Tennis vergleichbar, hoch über Freund und Feind hinweggeschlagen wird. Eben die Form einer Bogenlampe nachahmend. Am besten ins Tor hinein, am besten aus vierzig Metern Entfernung, zur völligen Überraschung des zu weit vor seinem „Gehäuse" stehenden Torwarts. Schöne Beispiele von Bernd Schuster (gegen Andreas Köpke), Klaus Augenthaler (gegen Uli Stein) oder, besonders ertragreich, von „Stan" Libuda im Europacupendspiel '66 gegen Liverpool und dessen sich entsetzt streckenden Verteidiger Ron Yeats.

Bohrer, Karl Heinz

Literaturwissenschaftler an der Universität Bielefeld (→ Alm), dem die unverwüstliche Rede vom „aus der Tiefe des Raumes plötzlich vorstoßenden Netzer" zu danken ist – ein „Zitat, das eine ganze Weltanschauung vor sich herschiebt" (Hugo Dittberner). Bohrer begeisterte sich später für das englische Ungestüm im Falkland-Krieg und schrieb Bücher wie *Plötzlichkeit. Zum Augenblick des ästhetischen*

Scheins (1981), in dem Netzer zwar explizit nicht vorkommt, wohl aber gemeint ist.

Bonhof, Rainer

Tüchtiger, unauffälliger Abwehr- und Mittelfeldspieler. 53 Länderspiele. Das einzige Rätsel, das er bis heute aufgibt: Weshalb wurde er Assistent des Bundestrainers Vogts? Was bringt er für diesen Job mit? Sind es Sätze wie „Ich glaube, es ist jeder stolz, den Adler auf der Brust tragen und für Deutschland spielen zu dürfen. Wir singen wieder die Nationalhymne vor den Länderspielen. Man muß ein gesundes Maß an Nationalstolz besitzen, um ein Mehr an Leistung aus sich herauszuholen"? Bitte helfen Sie mit, diese quälenden Fragen zu beantworten, und schreiben Sie an den DFB.

Borussia Dortmund, BV 09

Dagegen wollen wir nicht viel sagen. Natürlich: Wo zu viele Titel eingefahren werden, darf nicht mehr (außer bei eingefleischten Borussen-Fans) mit leidenschaftlicher Liebe gerechnet werden. Aber immerhin: Im Gegensatz zum ungeschickten FC → Bayern München gelingt es der Borussia, den permanenten Erwerb von Millioneneinkäufen und das Großmachtstreben adrett zu verkleiden und die Ruhrpottwurzeln medien- und fangerecht zu pflegen. Alles Fassade, jaja, aber besser als das unverhüllt Böse. Und immerhin: Von Stänkereien und Kindereien lesen wir aus dem Dortmunder Lager verhältnismäßig selten. Ein dezenter Präsident und ein besonnener Trainer, das ist schon was. Nicht übersehen wollen wir die Borussen-Großtaten der Vergangenheit, die beiden Meisterschaften von '56 und '57 (mit Michallek, Bracht und Kelbassa) und den 5. Mai 1966, als man als erste deutsche Mannschaft einen Europacup (gegen Liverpool, → Bogenlampe) holte (mit Cyliax, Kurrat und „Aki" Schmidt).

Bosman, Jean-Marc

Belgischer Fußballer, der – nachdem er zuvor nicht weiter aufgefallen war – seit dem 15.12.1995 den Doppelnamen „Bosman-Urteil" trägt. Dieses schrieb fest, daß aus den Artikeln 48 (Freizügigkeitsgebot) und 85 (Wettbewerbsartikel) des EG-Vertrags zu folgern ist, daß Transfer- und Ablösesummen unzulässig sind. Demnach dürfen quer durch Europa alle möglichen Spieler wechseln, was anfangs schwere Probleme und den Spielern massig viel in die Lohntüte brachte. In ein paar Jahren wird niemand mehr wissen, woher der Begriff „Bosman-Urteil" stammt – ein Fall wie „Litfaßsäule" oder „Verballhornung".

Böttiger-Schule

Geschichtsphilosophischer Kreis, bestehend aus „linksalternativen Fußballhermeneuten" (Jürgen Roth), deren Überzeugungen maßgeblich auf den Schriften des Berliner Kulturkorrespondenten Helmut Böttiger basieren, vor allem auf *Kein Mann, kein Schuß, kein Tor* (1993) und *Günter Netzer – Manager und Rebell* (1994). Leitthese ist das nahende Dahinscheiden des (deutschen) Fußballs. Dessen „Höhepunkt" verkörperte der Gladbacher Mittelfeldtitan Günter → Netzer, der für das Schöne, das Tragische, das Utopische („Diese langen Haare wollten mehr"), das Unkonventionelle und allerlei mehr steht. In Anlehnung an die Publizisten Norbert Seitz und Dietrich Schulze-Marmeling läßt sich mit Böttiger der Untergang des Abendlandes übersichtlich nachzeichnen. Die Gladbacher Anfänge und die junge dynamische Mannschaft des 1. FC Nürnberg versprühten Ende der sechziger Jahre den „frischen Geist der Rebellion"; die Weltmeisterschaft 1966 verhieß – um Böttigers Lieblings-(Bloch-)Vokabel wenigstens einmal zu zitieren – den „ästhetischen Vorschein der Studentenbewegung" (Helmut Haller als APO-Präfiguration?). Den Zenit bildet das Jahr 1972, als Deutschland, angeführt natürlich von Netzer, glanzvoll Europameister wurde. Danach – Netzer wechselte zu Real Madrid und machte kaum noch Länderspiele – ging alles bergab. Selbst der WM-Erfolg von '74 zählt in den Augen der Fußballkassandren nicht mehr. Eine Neigung zur Geschichtsklitterung wird spürbar: Aus Gerd Müllers feinem 2:1-Siegtor macht der nicht genau hinschauen wollende Skeptiker Böttiger einen schnöden „Abstauber". Und danach ist sowieso alles aus. Von Trainer Derwall, diesem – einmal noch Bloch – „ästhetischen Vor-Schein Helmut Kohls", bleibt nur → Gijon. In der Folge das kalte Grauen: der „Yuppie-Zynismus der achtziger Jahre", „flotte Jüngelchen", „Milchbubis" à la Helmer und Illgner (die, nebenbei bemerkt, ihr Pendant in der windschnittigen westdeutschen Gegenwartsliteratur zugewiesen bekommen: Auch die Schriftsteller Thomas Hettche und Ulrich Woelk zählen zur „‚geschichtslosen', ‚biographielosen' westdeutschen Generation der Postmoderne"), Männer „ohne Untertöne", „guterzogene Mittelschichtstypen, ohne Furchen im Gesicht oder Spuren der Erfahrung".

Das geschichtsphilosophische Weltbild der Schule ist recht geschlossen, so daß sich die „eingefahrene Routine des Abendlands" an vielen Gegenständen exemplifizieren läßt. Auf Vereinsebene war der Gladbacher Glanz der frühen Jahre gegen die Dominanz des Machers Helmut Schmidt, des Weicheies Andy Möller und der zynischen Vernunft nicht aufrechtzuerhalten: „Der Geist Gladbachs konnte sich auf Dauer nicht gegen den Pragmatismus Bayerns durchsetzen: Das ist das Los der Bundesrepublik." Wie nicht anders zu erwarten, figuriert der abgebrühte „Angestelltenfußball" (Schulze-Marmeling) des Münchner Protzclubs als das schlechthinnige Feindbild, wobei der „Champagner-Fußball", der „Dressman-Fußball", den man in Dortmund zelebriert, nicht viel besser wegkommt. Analog zur schleichenden Entwicklung auf dem Rasen ist auch die Fußballberichterstattung (→ Reporter), von Günther Koch abgesehen, nicht mehr das, was sie einst war, als man mit heißen Ohren und feuchten Händen vor dem Transistor saß.

Die Böttiger-Schule zeichnet sich im Unterschied zu Ernst Jünger (*An der Zeitmauer*), Ulrich Horstmann (*Das Untier*) oder E.M. Cioran (*Lehre vom Zerfall*) nicht durch fundamentalen Geschichtspessimismus aus. Wie es ihr appellativer Impetus gebietet, sucht sie selbst im Grauingrau der Bundesrepublik nach zarten Keimen des Guten. Obschon Wortführer Böttiger, Jahrgang '56, nicht aktiv ins Geschehen der Studentenunruhen eingreifen konnte, verficht er eifrig die Theoreme der Frankfurter Schule und ihres Umfelds, und so kommt es 1994 zu überraschenden Hoffnungsausbrüchen: „Herbert Marcuses These, daß in avancierten, eindimensionalen Gesellschaften das vorwärtstreibende Moment von den Randgruppen ausgeht, wird im gegenwärtigen Fußball eingelöst." Gemeint sind damit die kurzen Hochphasen, die der SC → Freiburg und Hansa → Rostock erlebten, zwei für das Bodenverhaftete, Unyuppieartige stehende Provinzclubs. Böttiger & Co. ersehnen dabei, sich um die Zivilisationsentwicklung nicht weiter kümmernd, die guten alten Zeiten der → Straßenfußballer zurück, als Profit und Vermarktung keine Rolle spielten und Netzer mit den Händen in den Hüften das Geschehen beobachten durfte. Anständiger, ästhetisch wertvoller Fußball ist demnach in erster Linie dort zu erwarten, wo Armut, Arbeiter oder (wie in Freiburg) „frankophone Einflüsterungen" anzutreffen sind. Bei Lichte besehen erweist sich die Rettung aus dem Randständigen leider als Fata Morgana, wie auch, gesellschaftspolitisch gesehen, das Jahr 1968 nur ein „flücht'ger Augenblick, ein allzu kurzes Innehalten der Geschichte" war. Die Freiburg-Rostocker Maloche fürs Schöne währte folglich nur kurz – ein Schicksal, das die beiden Vereine auf weltweiter Ebene mit → Kamerun teilen. Möglich, daß künftige Vorscheinhoffnungen dem → Frauenfußball gelten, dessen Spitzenspielerin Silvia Neid feststellt: „Wir wollen technisch sauberen, offensiven Fußball spielen – Frauenfußball eben."

So zustimmend die ersten sich unorthodox mit dem Fußball auseinandersetzenden Publikationen der Böttiger-

Schule begrüßt wurden, so unverkennbar mehrt sich inzwischen die Kritik an der geschichtsphilosophischen Substanz des Vorgetragenen. Gerhard Henschel moniert die „kleinmädchenhafte Schwärmerei" für Netzer, und Detlev Claussen spricht gar von „unerträglicher Fußballyrik". Vielleicht aber steckt dahinter bloß der Frankfurter Pressekrieg. Wo Böttiger („Frankfurter Rundschau") allenthalben Verfall und „modrige Pilze" (Hugo von Hofmannsthal) sieht, schämt und scheut sich Kollege Dirk Schümer („Frankfurter Allgemeine") nicht, vom FC Bayern und seiner „legendären Elf um Beckenbauer in den siebziger Jahren" zu schwärmen und die athletische Qualität des Gegenwartsfußballs zu rühmen. Der Streit um die Böttiger-Schule schwelt weiter. Freilich haben nicht nur die Deutschen solche Sorgen, siehe etwa James Walvin, *Football and the Decline of Britain* (1986). Sepp → Herberger übrigens orakelte schon 1977: „Mit dem Fußball geht es wahrscheinlich dem Ende zu." Mit ihm kurz darauf auch.

Bratwurst

Auch in Zeiten der VIP-Lounges unersetzbarer Bestandteil des Stadionbesuches. Der Wurstverzehr im Freien ohne störendes Eßgeschirr ist Ausdruck des üblicherweise versteckten männlichen Wunsches, zum Vorzivilisatorischen zurückzukehren. Diesem oralen Vergnügen (→ Sex) beim Betrachten eines Fußballspiels nachzugehen potenziert die Lust. Reservate des Mannes sind nirgendwo deutlicher wahrzunehmen. Die Ehe des (fußballinteressierten) niedersächsischen Ministerpräsidenten Gerhard Schröder mit Hillu scheiterte, wie wir der Presse entnahmen, daran, daß er heimlich Wurst verzehren mußte, während sie immer Tofurollen und Müslicracker auftischte. Die beste Bundesligabratwurst soll einer Teststudie zufolge in Karlsruhe angeboten werden. Die beste Bratwurst überhaupt findet sich nach Einschätzung der Göttinger Romanistin Dr. Elisabeth Arend – Zufall? – auf dem Münsterplatz in Freiburg. Der dortige Trainer Finke soll, als er in Diensten Havelses stand, das Freiburger Auftreten mit „Ihr spielt wie eine Wurst“ kommentiert haben. Interessant in diesem Zusammenhang, daß der Stuttgarter Stürmer Bobic in der Saison 1995/96 Schiedsrichter Kasper als „blinde Bratwurst“ titulierte. Von Uwe Seeler stammt die schöne Erinnerung: „Knackwurst war mein Leibgericht.“

Brechstange

Damit sollen Spiele herumgerissen werden. Wenn partout nichts läuft, wenn alle Taktik versagt. Dann voll drauf, was das Zeug hält, dann müssen die groberen Hilfsmittel ran, die Brechstange etwa. Meistens scheitern diese derben Versuche.

Breitner, Paul

Bis heute populärster Maoist, den die Bundesliga, genauer: der alte Arbeiterverein → Bayern München, hervorgebracht hat. Verdiente seine Semmeln auch bei Real Madrid und „Jägermeister“ Braunschweig. Weil es für einen reichen Ruheständler auch nicht leicht ist, den Tag rumzubringen, äußert sich Breitner immer wieder – „kritisch“ und „unbequem“ – zum aktuellen Geschehen, neuerdings in SAT.1-Diensten. So endet Maos „Langer Marsch“.

Breslau-Elf

Ein Länderspiel gab ihr, der deutschen Antwort aufs österreichische → Wunderteam, den Namen: Am 16. Mai 1937 schlug Deutschland Dänemark in Breslau 8:0. Der Waldhöfer Otto Siffling schoß fünf Tore in Folge, und auch die anderen – Goldbrunner, Kitzinger, Kupfer, Lehner … – spielten, daß das Herz noch heute lacht.

Briegel, Hans-Peter

Abwehr- und Mittelfeldspieler. Walz von der Pfalz, die überrannte, was sich ihr in den Weg stellte. Wurde, symptomatisch, 1985 Fußballer des Jahres. „Die Österreicher glauben, alle deutschen Fußballer seien wie Briegel." (Werner Schneyder)

Bücher

Gibt's über Fußball mehrere, was einen ja von nichts abhalten soll. Schauen Sie mal beim Buchhändler ins Regal, was alles zum Thema „Bachblüten" oder „Pasta-Küche" monatlich erscheint! Nicht leicht zu beantworten ist Detlev Claussens Grundsatzfrage: „Muß das Runde wirklich ins Eckige?"

Büchsenwurf

Der Maßstäbe setzende ereignete sich am 20. Oktober 1971, als Borussia Mönchengladbach zu historischer Form auflief und im Europacup das Starensemble von Inter Mailand mit 7:1 deklassierte. Doch weil der vorausblickende italienische Stürmer Roberto Boninsegna den Toten mimte, als ihn eine Büchse (voll? leer? halbvoll?) am Kopf traf, galt der Sieg nichts. Gladbach schied aus; das grandiose Resultat wurde aus den offiziellen Annalen (nicht jedoch aus den Herzen) gestrichen. Das Wiederholungsspiel in Berlin endete torlos. Der Gladbacher Luggi Müller brach sich das Bein – nach Foul von Boninsegna.

Bum Kun Cha

Dank Eckhard Henscheids Hymne unsterblich gewordener Koreaner, der in Frankfurter und Leverkusener Diensten zu Sturmläufen ansetzte. Hören wir den Dichter: „Herzschöner Mann! Flutlichtumschwärmt auf den / Flügeln der Flanke, jetzt plötzlich der rechten, / Füllhorn der Technik, Fülle des Seins!" Der Text hielt völlig zu Recht Einzug in germanistische Habilitationsschriften (vgl. Norbert Gabriel: *Geschichte der deutschen Hymne*, 1994) und ermutigte andere, sich in anderen Strophenformen über andere Ballkünstler zu äußern. Der Publizist Martin Halter etwa nahm den furchtbaren Wechsel Rodolfo Esteban Cardosos von Freiburg nach Bremen zum Anlaß, die Elegie *Liebling der*

Götter und Mädchen zu dichten. Kostprobe: „Tränen füllen die Dreisam, zum Strome schwellen die Bächle.“

Bundesligaskandal

Damals, 1971, als Offenbachs Präsident Canellas die Manipulation von Bundesligaspielen enthüllte, schien alles ans Ende gekommen. Denn nichts ist dem Fan unerträglicher als ein Zustand, in dem Sepp Herbergers Einsicht: „Warum gehe' die Leut' ins Stadion? Weil sie net wisse, wie's ausgeht“ seinen Sinn verliert. Arminia Bielefeld, Hertha BSC Berlin und Schalke 04 taten sich im Bestechungsringelreihen besonders hervor.

C

Cajkowski, „Tschik“

Bayern-Trainer in den Sechzigern. Kugelförmig. Nannte – das ist unvergessen – Gerd Müller „kleines, dickes Müller“. Lustig, diese ausländischen Mitbürgerinnen und Mitbürger.

Champions League

Kommerzblödsinn. Hauptsache, alles dauert möglichst lange. Neuerdings dürfen zwei Vereine der „Spitzenländer“ daran teilnehmen. Logisch, Champion werden ja immer zwei.

Chancenauswertung

Wenn die schlecht ist, dann gute Nacht. Clevere Stürmer machen aus einer Chance zwei Tore.

Charakter

Spielt im Profigeschäft keine tragende Rolle, wird dessenungeachtet verbal immer wieder eingefordert, vor allem, wenn es um die Nationalmannschaft geht. Deren Repräsentanten sollten „charakterlich einwandfreie Kerle“ (Jupp

Derwall) sein, die beim Deutschlandlied die richtige Strophe inbrünstig mitsingen, älteren Mitmenschen aus der DFB-Chefetage über die Straße helfen, sich an Stefan Effenberg oder Bodo Illgner kein Beispiel nehmen und sofort zugeben, wenn ihnen versehentlich eine → Schwalbe unterläuft.

Choreographie

Gibt es, dem Schweizer Nationaltrainer Rolf Fringer zufolge, nicht nur beim Fernsehballett, sondern auch im Fußball. Meint sicher was Taktisches.

Clubberer

Von → Reporter Günther Koch popularisierte Bezeichnung für die Mannschaft des 1. FC Nürnberg, die in Franken seit alters zurückhaltend als „Der Club" bezeichnet wird. Von dubiosen Präsidenten geführt, versank diese kurzzeitig in der Regionalliga.

Coordes, Egon

→ Fußballehrer mit Sympathiewerten, die selbst die von Pal Csernai, Rupert Scholz, Manfred Kanther und Jupp Heynckes unterbieten. Gilt als verstockter Eigenbrötler ohne Fortüne, der nicht mal im Keller lacht. Scheiterte in Stuttgart, Hannover und in Wien, wo er besonders gut hinpaßte. Torwart Franz Wohlfahrt erinnert sich an diese Zeit: „Bei Austria Wien hatte ich ein Jahr lang den Trainer Egon Coordes. Wenn du das überlebst, dann gibt es keine Krisen mehr." Jetzt ist Coordes, Rätsel über Rätsel, → Augenthaler-Nachfolger als Co-Trainer von Bayern München. Das entlastet die Arbeitslosenstatistik.

Cordoba

Eine Stadt, gut 2,7 Millionen Einwohner, Handelszentrum, in Argentinien, die am 21. Juni 1978 zum bedeutendsten Schauplatz der jüngeren österreichischen Geschichte wurde, vergleichbar nur mit Sarajewo, Solferino u.a. Der 3:2-Weltmeisterschaftssieg der Österreicher über Deutschland rächte das Leid von Jahrzehnten, dank Sturmtank Hans Krankl („Wenn ich einen Deutschen sehe, werd' ich zum Rasenmäher") und Zeremonienmeister Edi Finger („I werd narrisch").

Zur Vorgeschichte: 1938 war Österreich – so die eigene nachträgliche Lesart – das erste Opfer des Nationalsozialismus; am 3. April hatte sich Österreich, die „Ostmark", im „Anschlußspiel" gegen den ungeliebten Fußballstil der Deutschen noch einmal durchgesetzt und dank → Sindelars Geniestreichen Herbergers Truppe mit 2:0 düpiert. Die Zusammenführung des athletischen WM-Systems der → Breslau-Elf und der eleganten, „scheibelnden" Österreichern mißlang; die Weltmeisterschaft '38 sah ein ‚großdeutsches' Team, das bereits im Achtelfinale scheiterte. Sechzehn Jahre später, bei der WM in der Schweiz, erlitten die Österreicher um Ocwirk, Happel und Hanappi im Halbfinale die „vernichtendste Niederlage seit Königgrätz" (Friedrich Torberg): 1:6 gegen die Deutschen. Als diese sich dann daranmachten, das Wirtschaftswunder zum Blühen zu bringen, kam es zu touristischen Winter- und Sommerinvasionen nach Österreich, die dem Tiroler und Kärntner zwar Geld, vor allem jedoch nörgelnde und besserwisserische Menschen aus Gelsenkirchen und Berlin bescherten. Die unendliche Piefke-Saga begann. Niki Lauda, Toni Innauer, Franz Klammer, Annemarie Moser-Pröll, Peter Alexander, Thomas Muster – wo immer die Österreicher auch Überlegenheit demonstrieren konnten, nie war es so wie in Cordoba. Erst dort wurde die Schmach von '38 und '54 ausgelöscht. Krankl rächte Sindelar und Ocwirk. Daß im folgenden die Topfenstrudelkicker um Prohaska, Jara, Polster & Co. wieder mit dem vertrauten Nullachtfünfzehn-Geschiebe aufwarteten, 1990 gar gegen die Faröer-Inseln verloren und Siege über die Deutschen sich wieder auf den Grand Prix Eurovision de la Chanson beschränkten oder auf singuläre lichte Momente, wie den 29.10.1986, als die Beckenbauer-Elf, vom hinterher unflätig beschimpften Schiedsrichter Luigi Agnolin dezimiert, in Wien mit 1:4

verlor, ändert daran nichts. Der Sieg in Cordoba, ein Name wie Issus, Waterloo, Hastings oder Bern, ließ die Überfallenen von 1938 endlich Revanche nehmen. Schiedsrichter der Partie war der Israeli Klein.

Croy, Jürgen

Zwickauer Torwartkoryphäe. Ob diese Erwähnung für eine Rezension im „Neuen Deutschland“ reicht?

D

Dahlin, Martin

Aufgepaßt, Gladbacher: Dieser von euch so heißgeliebte schwedische Stürmer ist eine der unsportlichsten Erscheinungen, die die Liga je hervorgebracht hat. Punkt.

Dänen

Waren, europaweit betrachtet, lange das, was → Freiburg oder → Rostock deutschlandintern und Kamerun global symbolisieren. Einfach sympathisch, total unverkrampft, diese Dänen. 1992 Europameister, als man sie frisch vom Strand holte, um sie für das ausgeschlossene Jugoslawien auflaufen zu lassen. „We are red, we are white, we are Danish Dynamite“ – damit schlugen sie damals auch die kümmerlich agierende Vogts-Truppe im Endspiel. Dänen sind zudem oft gutaussehend wie Ulrik Le Fevre, Allan Simonsen, Flemming Poulsen, die Laudrups oder Gitte Haenning. Chapeau!

Daum, Christoph

Lautester und schlechtestfrisierter (→ Haare) Trainer der Bundesliga. Versteht es, supertoll zu motivieren. Eine Art Billy Graham. Andererseits – ich sage nur: Leeds, als er sich beim Ein- und Auswechseln verzählte und seinem damaligen Verein, dem VfB Stuttgart, den Europacupknockout bescherte. Schadenfreude ist die schönste Freude.

Derby

Lokalkampf zweier in unmittelbarer Nachbarschaft beheimateter Clubs. Sechzig gegen Bayern. Nürnberg gegen Fürth. St. Pauli gegen HSV. Schluchtern gegen Großgartach. Uneinigkeit herrscht hinsichtlich der korrekten Aussprache: [derbi], [dœrbi] oder [da:rbi]? Für wen man in einem Derby Partei ergreift, dahinter stehen existentielle Entscheidungen. Andreas Bernard erinnert sich 1996: „Vor etwa 15 Jahren gab es auf jedem Münchner Schulhof nur zwei wichtige Fragen. Zwei Fragen, vor die ein Neuankömmling sofort gestellt wurde, um klarzustellen, welchem Lager er künftig angehören würde. ‚Bayern oder 1860‘ hieß die eine Frage, ‚Kiss oder AC/DC‘ die andere. Nach der ersten Antwort wußte man dabei immer schon, wie die zweite ausfallen würde: Wer ‚Bayern‘ sagte, würde sich auch für ‚Kiss‘ entscheiden; ‚1860’-Fans dagegen hörten immer ‚AC/DC’. Es gab natürlich keinen Zweifel, daß die erste Welt die bessere war. Glanz und Glamour anstatt Tränen und Schweiß; spielerische Leichtigkeit anstatt ‚ehrlicher Arbeit‘ – und die hübscheren Mädchen standen auch auf Kiss.“

Derwall, Jupp

König Silberlocke. Der Dieter Kürten („Vielleicht bahnt sich da was an“) unter den Bundestrainern. Personifizierte das Tränental der Achtziger. Schon seine fußballerischen Qualitäten (2 Länderspiele) stießen auf zurückhaltende Aufnahme; Sepp → Herberger vermerkte 1956 in seinem Notizbuch: „Derwall = kein Nationalspieler! fehlt jede Schnelligkeit im Handeln und im Laufen!“ Erntete im Alter Ruhm am Bosperus.

Deuser, Erich

Er sei nicht vergessen, der unermüdliche Masseur der deutschen Nationalmannschaft. „Golden“ nannte man seine Hände.

Dezimiert

Ist ein feiner Ausdruck für den Zustand einer Mannschaft, die nach massivem Treten, Kloppen, Spucken und Beleidigen mit Roten Karten bedacht wurde.

DFB-Präsident

Wird man, wenn man recht alt ist und neueren Entwicklungen skeptisch gegenübersteht. Peco Bauwens schied mit 76 Jahren aus diesem Amt, Hermann Gösmann mit 71, Hermann Neuberger mit 72, und Egidius Braun, dem Johannes Rau („Versöhnen statt spalten") des Funktionärswesens, wurden 1992 als 67jährigem präsidiale Weihen verliehen. So gesehen, kann Franz Beckenbauer dieses Amt dankenswerterweise erst in gut fünfzehn Jahren übernehmen. Ernst Jünger (102) und Max Schmeling (91) kommen wohl nicht in Frage.

Dichtmachen, hinten

Konsequenter Versuch, Gegentore durch eine geschlossene Abwehrformation zu verhindern. Auch zwischenmenschlich gibt's das: Männer „machen dicht", wenn Frauen Problemgespräche führen wollen. In Max Frischs *Tagebuch 1966–1971* ist folgende Szene einer Partnerschaft festgehalten: „‚Warum erzählst du nichts!' Dann schaltet er das Fernsehen an. ‚Du mit deinem Fußball!'"

Doderer, Heimito von

Österreichischer Romancier (*Die Strudlhofstiege*), der auf den ersten Blick nicht unmittelbar mit dem Ballsport in Verbindung zu stehen scheint. Doch hören wir, wie er 1919 in Sibirien zur Sache ging: „Es gab mehrere Fußballmannschaften im Lager und einen Turnus von Wettspielen ... Ich spielte rechte Verteidigung (damals sagte man noch ‚back'). Ich war beliebt. Der Ruf ‚Hoppauf, Heimito!' oder ‚Heimito, Schuß!' wurde, in brüllendem Tone, oft gehört. Ich wusch mich ab, ich eilte in's Café." Wo er vermutlich zu schreiben anhob.

Doping

Obwohl einige (Scholl, Bobic, Kruse, Basler, Ivanauskas) hin und wieder wirken, als ob sie Aufputschmittel im Sixpack zu sich nähmen, ist Doping kein rechtes Thema im Fußball. Toni Schumacher hat in seinem Buch *Anpfiff* versucht, sich damit wichtig zu tun. Und für Lothar → Matthäus ist das alles ohnehin belanglos: „Ich kann auch bei einem guten Bier abschalten. Ich brauche keinen Koks." Wahrscheinlich gilt immer noch, was Wencke Myhre und ihr Backgroundchor 1970 im unvergessenen Lied *Er steht im Tor* zum besten gaben: „Vitamine, Traubenzucker, / so was braucht er nicht, / anstatt dessen schaut / sie ihm ins Gesicht." Ja, damals war die Liebe eine Himmelsmacht.

Doppelpaß

Schön anzusehende Paßspielart, am schönsten in der Form: Müller – Beckenbauer – Müller: Tor. Soziologisch gesehen ist der Doppelpaß eine „Ganzheit, die aus Teilen besteht" (Hartmut Esser), poetologisch gilt er als verknappter Kreuzreim. Beide, Doppelpaß wie Kreuzreim, sind übrigens im Verschwinden begriffen. Machen wir gleich einen Reanimierungsversuch: „Wenn Balakow auf Bobic spielt / und dieser dann zurück / dann folgt das Torschußglück / es sei, der Keeper hielt'." Sapperlot, jetzt ist, wie die Literaturwissenschaftler sagen, ein umfassender oder umarmender Reim daraus geworden, was im Fußball eher der „Flügelzange" entspricht. Machen Sie sich Ihre Reime doch selber.

Dream Team

Basketballimport. Mittlerweise auf alles und jeden anwendbar, sofern das Mittelmaß zumindest geringfügig übertroffen wird. Kein Problem also, vom Creglinger oder Anklamer „Dream Team" zu reden.

Drewermann, Eugen

Verfemter Theologe, bekannter als Hans Küng, Martin Luther, Jürgen Fliege und Uta Ranke-Heinemann. Feierte die '96er Meisterschaft der Dortmunder Borussen auf seine Weise: „Ich habe ein Bier auf den Sieg getrunken, und das war für meine Verhältnisse sehr viel."

Drittel

Soll ein Spiel nach dem Willen der Medien- und Werbesäcke bekommen, anstatt der historisch gewachsenen Halbzeiten. Damit endlich ausreichend Holsten-, Goodyear-, Gillette- („Für das Beste im Mann") und Audi-Werbung zu sehen ist. Wenn das durchgeht, ist Feierabend. Von wegen „Anything goes".

Druck

Wird immer größer. Psychisch, mental und so, Sie wissen schon.

Duschen

Als dem Fußball noch Herzblut und Menschlichkeit eigneten, pflegten Schiedsrichter einen Platzverweis mit den Worten „Du kannst schon zum Duschen gehen" zu kommentieren.

E

Eckbälle

Drei Eckbälle, ein Tor – so hieß es früher, eine Weisheit aus der Rubrik „Wie schnell das Wissen der Menschheit veraltet". Am liebsten sind uns Eckbälle, wenn sie direkt verwandelt werden, von Netzer oder Basler. Da guckt der Torwart (→ Pannen-Olli) dumm aus der Wäsche.

Effenberg, Stefan

Fünf-Millionen-Kicker aus Mönchengladbach, der irgendwann verlauten ließ: „In mir wächst eine Persönlichkeit heran." Ob wir das Ende dieses ausgesprochen langwierigen Reifeprozesses noch erleben?

Eilts, Dieter

Solider → Staubsauger („Ostfriesen-Alemão") in Diensten Werder Bremens. Wurde bei der Europameisterschaft '96 als *die* Entdeckung gefeiert. Ohne Kommentar.

Eins gegen eins

Wenn ein Angreifer alle Abwehrspieler hinter sich läßt und allein auf den verlassenen Torhüter zuläuft, dann heißt das heute „eins gegen eins". Bei Spielbeginn gilt aber weiterhin: elf gegen elf.

Eintracht Frankfurt

Ein Trauerspiel in vielen Akten. Vom Winde verweht ist der alte Ruhm, auch der aus dem Jahr 1960, als man im Europapokal der Landesmeister die Glasgow Rangers abkanzelte und erst im Finale an Real Madrid, mit drei zu sieben, scheiterte. Loy, Pfaff, Kreß oder Stinka hießen die großen Riederwälder damals. In Franz Grillparzers Drama *König Ottokars Glück und Ende* (1825) finden sich die Zeilen: „Ihr schwingt die Fahnen, laßt den Jubel tönen, / Dem blutlos-schönen Sieg der holden Eintracht." Wenn der Publizist Udo Dickenberger richtig gezählt hat, handelt es sich dabei um die Verse 1974 und 1975. Auf den Lauf der Geschichte übertragen, tut sich Erschreckend-Wundersames auf: Just in den Jahren 1974 und 1975 nämlich gewann die Frankfurter Eintracht den DFB-Pokal, mit Hölzenbein, Grabowski, Rohrbach, Trinklein ... Grillparzers Franz, wir ziehen den Hut vor deiner Gabe der prophetischen Dramenstrukturierung. Danach ging's für die Eintracht nur bergab, wie in Grillparzers Novelle *Der arme Spielmann.*

Abstieg, Schulden, Untergang ... selbst Eckhard Henscheid, der treue Anhänger, kündigte seine Gefolgschaft auf. Und grundsätzlich: Die Eintracht steht für das Unvermögen eines ganzen Bundeslandes. Hessen hat nichts mehr zu bieten, weder in Frankfurt (wo auch der FSV vom Bornheimer Hang ins Bodenlose fiel) noch in Offenbach, Aschaffenburg, Darmstadt, Bürstadt oder Kassel. Hessen droht zum Saarland des Fußballs zu werden.

Einvernehmen, im besten

So trennen sich Präsidenten und Trainer, wenn alle die Schnauze gestrichen voll haben und die Mannschaft den letzten Mist spielt. Es geht schließlich um die Abfindung.

Einwurf

Groß interessieren tut sich für ihn niemand. Ein unvermeidbares Element des Spiels. Erregt beim „falschen" Einwurf höchstens Kopfschütteln: „Jetzt kann der nicht mal einwerfen." Freilich, bei ein klein bißchen gedanklicher Anstrengung ist auch ihm, dem Einwurf, etwas abzugewinnen, man höre etwa den Dichter Manfred Hausmann, der nicht nur als Kenner der → Todesstrafe zu brillieren wußte: „Es macht Freude, zu sehen, wie sich ein Spieler, dessen Haar ihm wirr und naß über die Augen hängt, dessen Lunge heftig arbeitet, dessen Nerven bis zum äußersten beansprucht sind, in selbstverständlicher Zucht unter das Gesetz des Einwurfs stellt, schnellen Blicks die Lage überschaut und den Ball sofort in einwandfreier Haltung und Bewegung dem am günstigsten stehenden Kameraden zuwirft. Der ganze Sinn, die große ethische Absicht, die hinter jeder Regel, auch hinter der unscheinbaren Einwurfsregel steht, ist in die wenigen Sekunden dieser klaren Haltung und Handlung zusammengedrängt."

Eisenfuß

War der Beiname des Bremer Verteidigers Horst-Dieter Höttges. Spricht für sich.

Elf

„Warum werden die Zuschauer beim Fußball so häufig als zwölfter ‚Mann' gelobt? Natürlich: Sie machen die Runde der Apostel ideell wieder komplett und gleichen damit die einst durch den Verrat des Judas herbeigeführte Schwächung der Gemeinschaft wieder aus." (Christoph Bausenwein) Natürlich.

Elfmeterschießen

Ist laut Helmut Böttiger von „Tennis-Ästhetik" geprägt. Vorhand, Rückhand, Slice, Lob und dann beim entscheidenden Elfer ans Netz vorrücken? Riecht nach Doppelfehler.

Emsland

Bevor der SV Meppen in die Zweite Bundesliga aufstieg, wußte kein Schwein, was das ist. Jetzt geachtet wie Leimen, Brühl und Kerpen.

Engel

Seit langem ist es nichts Ungebührliches, glanzvoll auftretende Spieler als „Engel" zu bezeichnen. Gerade der Götterbote eignet sich dank seiner Eigenschaft, zwischen verschiedenen Seinsebenen zu vermitteln, vorzüglich, die religiöse Kraft des Fußballs einzufangen (→ Religion). Wenn Bernd Schuster, Jürgen Klinsmann oder der Schweizer Heinz Hermann als „blonde Engel" erscheinen, so gilt diese Auszeichnung ihrer Fähigkeit, in Momenten des Genialen und des → Schönen – ein Volleyschuß vom Strafraumeck, ein Diagonalpaß über fünfzig Meter, ein Tor mit der Hacke – über das irdische Jammertal hinauszuweisen. Schuster ist dann, in den aus dem Kontext gerissenen Worten Rainer Maria Rilkes, ein „Geschöpf, in dem die Verwandlung des Sichtbaren in Unsichtbares" sich vollzieht.

Literarisch vorbereitet wurde dieser Bildbereich durch Ödön von Horváths *Legende vom Fußballplatz*, die einen kleinen Jungen und einen sportbegeisterten Engel aufs schönste zusammenführt: „... vor seinem Fenster im vierten Stock schwebte ein heller Engel; der ähnelte jenem, welcher Großvaters Gebetbuch als Spange umschloß, nur, daß er farbige Flügel hatte: der linke blau und gelb: das waren die Farben des Fußballvereins von Oberhaching; der rechte rosa und grün: das waren die Farben dessen von Unterhaching; seine schmalen Füße staken in purpurnen Fußballschuhen, an silberner Sternenschnur hing um seinen Schwanenhals eine goldene Schiedsrichterpfeife und in den durchsichtigen Händen wiegte sich ein mattweißer Fußball." Manchmal ist das Engelhafte auch falscher Schein: Stuttgarts Vorstopper Karl-Heinz Förster war der „Treter mit dem Engelsgesicht". Aus Reimsbach kam Schiedsrichter Walter Engel, 99 Bundesligaeinsätze.

Entenmann

Schwäbische Fußballerfamilie. Rudi, Werner, Willi. Die sollte man nicht einfach unter den Rasen kehren. Willi wenigstens ist alle Jahre wieder als Trainer in Nürnberg zu sehen.

Entschuldigen

Wollen wir uns bei allen Spielern, Vereinen und Begriffen, die wir bei der Niederschrift dieses Buches vergessen oder verschmäht haben. Also etwa beim Trainerkarussell, beim Kunstrasen, bei der Unbespielbarkeit des Platzes, beim Schützenfest, bei Hannover 96, bei den Reinickendorfer Füchsen, beim TSV Crailsheim, bei Giacinto Facchetti, Gheorghe Hagi, Peter Patzer, Alida Gundlach, Jürgen Kreische, Julio Cesar, Walter Baresel, Kristin Otto, Marco van Basten, Dagmar Berghoff, Hans-Joachim Rauschenbach, meiner Schwester und vielen anderen.

Eschweiler, Walter

FIFA-Schiedsrichterdiva. Heiterkeitserfolg aus Bonn. Seine Merkmale – unfreiwillige Purzelbäume auf dem WM-Rasen

’82, joviales Geplaudere mit verständigen Profis – machen ihn als Exponenten einer verflossenen Ära kenntlich. Dergleichen hatte seine Berechtigung, als Heinz Schenk den „Blauen Bock“ moderierte und Vivi Bach das skandinavische Fräuleinwunder repräsentierte. Ein Eschweiler heute wäre ein tragisch Scheiternder. Manche Laufbahn dauert wie in diesem Fall zwar zu lang, endet jedoch wenigstens rechtzeitig.

Etatmäßig

Fast nur noch Sportwort: der „etatmäßige“ Stürmer, der jetzt als Abwehrspieler eingesetzt wird. „Etatmäßig“ … klingt desto seltsamer, je öfter man es vor sich hinspricht.

Euphoriebremse

Neuzeitliche Vorrichtung, auf die gerne, meistens von Trainern, getreten wird. Damit eine Mannschaft, die zweimal hintereinander gegen Abstiegskandidaten gewonnen hat, nicht anfängt, von der → Champions League zu träumen.

Eusebio

Portugiesischer Mittelstürmer, der bei der WM ’66 groß rauskam (Torschützenkönig) und den Engländern fast den letzten Triumph ihrer Geschichte vermasselt hätte. Spielte lange für Benfica Lissabon, aber auch für Las Vegas Quicksilvers.

Existentialismus

Die philosophische Strömung mit der größten Affinität zum Fußball. Albert Camus’ Leistungen als Torhüter sind glaubhaft belegt; Jean-Paul Sartre setzte sich in seiner *Kritik der dialektischen Vernunft* profund mit dem Gruppengeschehen innerhalb eines Teams auseinander und erkannte vielleicht als erster, zu welch frühem Zeitpunkt die Probleme beginnen: „Bei einem Fußballspiel kompliziert sich allerdings alles durch die Anwesenheit der gegnerischen Mannschaft." Auch von Martin Heidegger ist vitale Neugier für den Fußball überliefert, ein Jammer, daß der Schwarzwalddenker den Aufstieg des philosophisch angehauchten SC → Freiburg nicht mehr erleben durfte. Dieser hätte ihn fraglos zu mancherlei Betrachtung herausgefordert. Es steht zu vermuten, daß auch Karl Jaspers' Begriff der Grenzsituation (Tod, Leid, Schuld, Elfmeterschießen) der Verbreitung des Fußballs in den zwanziger und dreißiger Jahren viel verdankt. Ob das Wort „Das Problem der Freiheit ist bei uns optimal" von Norbert Thines, dem Lauterer Ex-Präsidenten, auch existentialisch zu deuten ist, bleibt offen. Allgemeinphilosophisch in Betracht zu ziehen wären eventuell auch Oliver Bierhoff, der auf die Frage „Was ist Ihre Lebensphilosophie?" glasklar antwortete: „Heute ist das wunderbare Gestern von morgen", und Georg Lukács, der zu seiner Glanzzeit als Dissertationsfußnotenzitiergröße 1974 bei der Namensgebung des „bunten" Kölner Freizeitteams „Grand Hotel Abseits" Pate stand. Was haben da Dekonstruktion, Neostrukturalismus und Peter Sloterdijk entgegenzuhalten? Und gibt es, wie geschrieben stand, wirklich ein „Kurzpaßspiel Popperscher Provenienz"?

F

Fach, Holger

Es gibt Spieler, die über Jahre hinweg in der Bundesliga mitmachen dürfen, ohne besonders aufzufallen, weder so noch so. Diese meist sympathischen Gesellen fallen oft zu rasch durchs Raster der Geschichte. Dagegen wendet sich dieses Buch mit aller Entschiedenheit und berücksichtigt deswegen einen wie Holger Fach, der für Gladbach, Düsseldorf und Leverkusen seinen Kopf hinhielt und gegen den es wirklich kaum etwas zu sagen gibt.

Fäden ziehen, die

Vom Marionettentheater übernommene Bildlichkeit, die vor allem auf die Regisseure des Fußballs übertragen wird. Die Sammers, Gullits, Charltons, Didis oder Cruyffs ziehen im Mittelfeld die Fäden, dirigieren das Geschehen und lassen die Puppen tanzen. Wie das funktioniert? Wie man Fäden richtig zieht? Ganz einfach, meint der Dichter Heinrich von Kleist: „Jede Bewegung, sagte er, hätte einen Schwerpunkt; es wäre genug, diesen, in dem Innern der Figur, zu regieren; die Glieder, welche nichts als Pendel wären, folgten, ohne irgendein Zutun, auf eine mechanische Weise von selbst." Ein Thema für die Kölner Sporthochschule.

Fahrstuhlmannschaften

Heißen die, die mal auf- und mal absteigen, und das vier-, fünfmal möglichst rasch hintereinander. Wie Uerdingen zum Beispiel. Paternostermannschaften wie Rot-Weiß Oberhausen hingegen fallen ins Bodenlose.

Fair play

Allseits beliebter Sonntagsredenappell, nach dem Strickmuster „Man muß auch verlieren können", „Keine Macht den Drogen" undsoweiter. Danach beginnt das Spiel, und die → Blutgrätschen dominieren. Ist auch der Titel einer Rundfunksendung des Mitteldeutschen Rundfunks, die so tut, als sei sie eine samstägliche Bundesligaberichterstattung, wie sie jeder Sendeanstalt zur Zier gereicht. Platzverweise, Kopfballtorpedos, Elfmeter, Lattenknaller – all das mag sich in den Stadien abspielen, kaum etwas davon geht über den sächsischen Äther. Kirsten- und Elber-Treffer werden mit unerträglicher Verspätung nachgereicht, während sich die fistelnde Stimme des Reporters Gerd Zimmermann aus sächsischen Regional- und Oberligen zu Wort meldet. Noch um 17.06 Uhr, wenn die Spannung vor dem heimischen Küchentransistor ins Unermeßliche steigt, spielen die Moderatoren aus Sachsen unbeeindruckt Oldies von Ireen Sheer und Rex Gildo – während gleichzeitig der Bökelberg tobt und das Millerntor röhrt. Aufbau Ost? Nirgendwo ist er notwendiger als in der Sportredaktion des Mitteldeutschen Rundfunks.

Fallrückzieher

Ein ästhetisch ausgesprochen wertvolles Phänomen, das die Zuschauer mit hemmungsloser Begeisterung quittieren. Überzeugt vor allem deshalb, weil es sich den Anschein völligen Widersinns gibt. Ein Spieler legt sich plötzlich in die Luft, mit dem Rücken zum Ziel – und dann die erlösende Überraschung. Die „Zelebration des Unvermögens" (Martin Seel) schlechthin. Die schönsten Beispiele verdanken wir Uwe Seeler, Klaus Fischer, Ferdi Keller …

Falschgeld

Wie dieses laufen manche auf dem Rasen herum, die keine „Bindung" zum Spiel finden, nichts bringen, nichts bewegen, kurzum: keine müde Mark wert sind. So ein Match treibt oft seltsame Blüten.

Fanta

Limonadengetränk aus dem Hause Coca Cola, das in den Siebzigern die besser schmeckende Konkurrenz von Bluna oder Sinalco verdrängte. Fanta steht für den unwürdigen süßlichen Einheitsgeschmack, der in die Ballannalen einging durch Schiedsrichter Wolf-Dieter Ahlenfelder aus Oberhausen. Dieser, als scherzender Kugelblitz bekannt geworden, pfiff, am 8. November 1975, sein sechstes Bundesligaspiel nach dreißig Minuten zur Halbzeit. Erst seine aufmerksamen Linienrichter brachten ihn auf den Pfad der richtigen Uhrzeit zurück. Hinterher munkelte man, der Referee habe beim Mittagsmahl seinen Durst mit alkoholischen Getränken gestillt. „Wir sind Männer und trinken keine Fanta", wurde der Verdächtigte später zitiert. Jawoll.

Fanzines

Stadionmagazine, die einst aus dem Untergrund kamen und von den ‚richtigen' Fans für die ‚richtigen' Fans gemacht werden (→ Holt euch das Spiel zurück).

Faultless

Diesen symbolträchtigen Namen trug 1954 der schottische Schiedsrichter des denkwürdigen WM-Viertelfinales Österreich gegen Schweiz, das 7:5 endete, obschon die Eidgenossen nach zwanzig Minuten mit 3:0 geführt hatten. Noch denkwürdiger die Reportage des Österreichers Heribert Meisel, der in der zweiten Halbzeit wegen akuter Herzinfarktgefahr das Mikrophon räumen mußte. Am denkwürdigsten, wie dieser seine Verwunderung über den Rückstand seiner Elf ins Bild setzte: „Sogar der Montblanc, der hier hereinblickt unmittelbar ins Stadion zu Lausanne, sogar er schüttelt irgendwie seine Gletscher, seinen majestätischen Kopf." Als dann binnen weniger Minuten das österreichische Aufholwunder geschah, war Meisel nicht mehr zu halten und kommentierte das 2:3: „Wir sind dem Weinen nah ... Wir alle busseln uns ab, wir umarmen uns." Beim 4:3 steigerte er sich: „Wir sind fertig." Nach dem 5:4 resignierte er: „Das kann man als Reporter nicht aushalten."

Feinde

Hat der Fußball auch, von den Gleichgültigen einmal abgesehen, die während eines Endspiels Unkraut jäten, Stollen backen, Game-Shows ansehen oder die Küchenschränke auswaschen. Für den Alt-Verleger Jörg Schröder ist Fußball „Pest, Krebs und Dreck", für den Alt-Schriftsteller Joseph von Westphalen „schlimmer als der DDR-Ministerrat". Muß man dergleichen groß beachten? Wollen sich diese Herren nicht bloß wichtig tun?

Feuerwehrmänner

Sind auf die Schnelle verpflichtete Trainer wie Rolf Schafstall, Peter Neururer, Eckhard Krautzun oder Jörg

Berger, die bei abstiegsbedrohten Vereinen das Schlimmste verhüten und das Feuer löschen sollen. Manchmal gelingt's, manchmal nicht (→ Besen, neue). Für dauerhafte Anstellungen sind Feuerwehrmänner selten geeignet, meist versiegt ihr Löschwasser rasch, und sie entpuppen sich, um die Bildebenen mal zu mischen, als Strohfeuer.

Fiffi

Spitzname des Trainers Helmut Kronsbein (Hannover 96, Hertha BSC Berlin), der, als ihn das Glück verlassen hatte, angeklagt wurde, seine Frau mit herkömmlichen Methoden (Fön in die Badewanne werfen) beiseite geschafft zu haben. Das Gericht dazu: Freispruch.

Fingerspitzengefühl

Wird unentwegt vom Schiedsrichter gefordert. Vor allem von Spielern wie Andy Brehme, die vom Platz gestellt werden, obwohl sie keiner Fliege etwas zuleide tun können. Hat folglich im Fußball nichts zu suchen, denn die Regel kennt keinen Psychokäse dieser Art. Da gilt nur: ja – nein, entweder – oder.

Fliegenfänger

Menschenverachtendes Schimpfwort für Torhüter, die alles Mögliche (Fliegen eben) in die Finger kriegen, nur nicht den Ball. (→ Pannen-Olli)

Flipper-König

Diesen Ehrentitel darf der frühere Frankfurter Stürmer Heinz Gründel führen, der inoffiziellen Angaben zufolge in der Vereinsgaststätte am Riederwald 33 Millionen Flipper-Punkte erreichte, und das, wo es bereits für eine Million ein Freispiel gibt!

Flügelflitzer

Ausgestorbene Spezies. Phänomen, das der Theaterkritiker Peter Iden schon 1980 beklagte: „Die Augenblicke der großen Außen, das waren Momente der Freiheit." Leute, die unentwegt an der Außenlinie lauern, um auf und davon zu gehen, verkraftet die Taktik von heute nicht mehr. Passé die Zeiten eines Reinhard Libuda („An Jesus kommt keiner vorbei – außer Libuda"), eines Calle Del'Haye, eines Rüdiger Abramczyk, eines (um den internationalen Blickwinkel nicht zu vernachlässigen) Garrincha oder Dzajic. Aber hinterher jammern die Trainer immer, man hätte „mehr über die Außen kommen" müssen. Wie das, wenn's keine mehr gibt?

Flur, allein auf weiter

(nicht: „auf weitem") Dort stehen, übersehen und allein gelassen, hin und wieder Stürmer, die den Ball bloß noch reinzumachen bräuchten. Der Ausdruck erinnert, etymologisch betrachtet, an die Wald-und-Wiesen-Ursprünge des Fußballsports.

Fortuna Köln

Ein Verein, über den es wenig zu sagen gibt und den kaum jemand vermissen würde. Außer Soziologie-Professor Hartmut Esser vielleicht, der sich wiederholt als bekennender Fortune gezeigt hat und seine „Hochzeitsanzeige auch an die Spieler von Fortuna" schickte: „Die seinerzeit von Fortuna übersandten Handtücher mit Vereinsemblem sind übrigens noch in ehrenvollem Gebrauch."

Fragen

Verträgt der Fußball ungezählte. Etwa die von Christoph Bausenwein: „Hat der Fußball heute seine Seele verkauft? Warum rennen aber trotzdem soviele Leute hin? Weil sie selbst keine Seele mehr haben?" Die mit zwei Seelen (Faust, Dr. Jekyll, Lilo Wanders u.a.) gehen dann zum Turmspringen oder Eistanz.

Frauenfußball

Gewann im England des 19. Jahrhunderts enorm an Verbreitung (damals galt das Königreich noch etwas in der Welt). In Deutschland erlebte er seine erste Blüte in den Zwanzigern – und stieß, wie könnte es anders sein, sofort auf vehemente Ablehnung durch das männliche Geschlecht. In Vischers *Fußballspieler und Indianer* (1924) exklamiert eine Figur voll Schauder: „Eine Frau spielt Fußball. Das bedeutet nichts Gutes. Das ist das Ende." Und ist es nicht irgendwie verständlich, wenn wir auf die vielfältigen Funktionen (→ Sex) blicken, die das Bündnissystem des Fußballs in der maskulinen Psyche spielt? Wie soll es der Mann verwinden, wenn alle Bastionen fallen, wenn Truppenübungsplätze, Strafräume und Stabhochsprunggruben nach und nach vom weiblichen Geschlecht erobert werden? Wo ist er noch unter sich? Am Stammtisch vielleicht, im Volkshochschulkurs „Mannsein – was verstehen wir darunter?", am Urinal?

Es nimmt so nicht wunder, daß die allmählichen Fortschritte, die die fußballerpichten Frauen machten, ideologische Breitseiten abbekamen. Der Sportpsychologe Fred Buytendijk sprach dem Weibe generell die Trittfähigkeit ab: „Das Treten ist wohl spezifisch männlich, ob darum das Getretenwerden weiblich ist, sei dahingestellt. Jedenfalls ist das Nichttreten weiblich." Das Nachtreten vermutlich auch. Noch 1979, als das erste Länderspiel einer deutschen Frauennationalmannschaft bereits in greifbare Nähe gerückt war, schrieb Rudolf Meldau in seinem *Kleinen Deutschlandbuch für Ausländer* verzweifelt gegen den historischen Fortschritt an: „Frauen und Mädchen spielen gern Handball. Beim Handball wird der Ball geworfen und nicht mit dem Fuß getreten wie im Fußball." Heute ist das alles anders: Neidlos akzeptiert der aufgeschlossene Mann, wie geschickt die Mädels aus Brauweiler, Bergisch Gladbach oder Ahrbach mit dem Leder umgehen können. Seitdem sich das Fernsehen der Sache angenommen hat, kennen wir sie, die ballführenden Spitzenspielerinnen wie Anne Trabant, Maren Meinert, Martina Voss, Heidi Mohr, Birgit Prinz oder Silvia Neid (→ Matthäus, Lothar) und achten die Schiedsrichterinnen, die sogar Regionalligamännern sagen, wo die Häsin im Pfeffer liegt. So ist die Lage am Ende unseres Jahrtausends. Lediglich aus postfeministischer Ecke mehren sich die Stimmen, die zum Roll-back aufrufen – so Susanne Fischer, Autorin und Mitarbeiterin der Arno-Schmidt-Stiftung: „Kluge Frauen halten sich an Dressurreiten, Synchronschwimmen und andere überflüssige Sportarten, bei denen sie von den Männern unbehelligt bleiben." Wie das alles wohl weitergeht, mit den Frauen?

Freemason's Tavern

Londoner Gasthaus, in dem am 26. Oktober 1863 die „Football Association" mit einheitlichem Regelwerk gegründet und der Siegeszug der Sportart begründet wurde. Wahrscheinlich begann damals schon, global gesehen, die „Krise" des Fußballs, wohingegen die „Krise" des Romans von der Literaturwissenschaft etwas später angesetzt wird. Beide Krisen halten dem Vernehmen nach bis heute an. Ich selber bekomme auch gleich eine. Erich Kästner schrieb in den goldenen Zwanzigern: „Wir leben provisorisch, die Krise nimmt kein Ende."

Freiburg, Sport-Club

Freiburg, das ist ein liebenswürdiges Städtchen im Südwestzipfel der Republik. Nicht einmal 200000 Einwohner beherbergt es, darunter viele Studenten, tagtäglich angereichert durch Touristen, die sich vom bekannten Münster, von Heideggers Todtnauberg, vom nahegelegenen Kaiserstuhl oder vom freundlichen Klima anlocken lassen. Der Schriftsteller Horst Krüger skizzierte 1970 das Idyll, das den Besucher erwartet, so: „Wenn ihr die Welt menschenfreundlich und schön, schön beisammen, beinah heil haben wollt, geht dahin. Freiburg blüht, immer noch, immer wieder." Ein Jahr zuvor wäre Freiburg fast noch schöner geworden, damals nämlich verfehlte der Freiburger FC nur um Haaresbreite den Aufstieg in die erste Bundesliga. Der Betuchtenclub erholte sich nie von diesem Beinahe-Erfolg und versank allmählich im Lethe, der heute in der Ober- oder Verbandsliga fließt. Im Gegenzug schickte sich der bis dahin kaum hervorgetretene SC Freiburg an, dem Dahindümpeln des deutschen Fußballs (→ Derwall, Jupp) die Denkerstirn zu bieten. Von wo sonst als aus Freiburg sollte die Wende kommen? Denn es gibt „wohl keinen Ort in Deutschland, der weniger deutsch ist" (Helmut Böttiger), und gerade an nicht-deutschen Nicht-Sekundärtugenden gebrach es allenthalben. Aus frankohelvetischem Esprit schien das Heil zu nahen, es hörte auf die Namen Achim Stocker (Präsident) und Volker Finke (Trainer). Die sich anschließende Geschichte vom märchenhaften Provinzaufstieg ist gut vertraut: 1993 schwang man sich in die erste Liga auf, entging mit hechelnder Zunge dem Abstieg und erklomm in der folgenden Saison gar einen UEFA-Cup-Platz.

Der Ruhm, den der SC Freiburg in diesen Jahren errang, verdankt sich nur zum Teil sportlicher Größe. Gewiß, mit geringem Budget, mit hausgemachten Stars, die zuvor in Emden, Ingolstadt oder Havelse kickten, mit einem begeisterungsfähigen Publikum im ausverkauften Dreisamstadion, mit aufblitzendem Spielwitz und schwer zu kontrollierender Angriffslust bereicherte der Verein das von den Großvereinen beackerte Bundesligafeld. Was freilich dem SC von Nicht-Freiburgern an Enthusiasmus entgegenschlug, war meist ein mystisch grundiertes Gebilde, das aus archetypischer Freude über das David-gegen-Goliath-Phänomen und aus verschleierter Gesellschaftskritik, die einen passenden Anknüpfungspunkt gefunden hatte, bestand. Der badische Glanz diente als „Projektionsfläche für einige die Gesellschaft transzendierende Sehnsüchte" (Thomas Hohner). Wo die Bonner Situation mit dem immerwährenden Kanzler, der quälenden Scharping-SPD-Malaise, den nicht recht vorwärtskommenden Bündnisgrünen und einer einheitsgeschwächten Grauingrau-Konjunktur jedwedes utopisches Restreservat blockierte, mußten sich reformwillige Menschen Ersatzheimaten suchen, und da es mit Hansa Rostock nur ein paar Spiele lang klappte, kam Freiburg gerade recht. Der Club avancierte zur Lieblingsmannschaft all derer, „deren Herz für keinen bestimmten Verein schlägt" (Gerhard Henschel), und selbst der Kenner und Könner Eckhard Henscheid sagte seiner Frankfurter Eintracht lautstark Servus und schenkte sein Herz zumindest vorübergehend der „unzeitgemäß leichtsinnigen Spielweise" der Südbadener. Kein Wunder, daß auch Roger Willemsen, Deutschlands nachdenklichster Talkmaster, zur unoriginellsten Lösung griff und den „anderen Zustand" der Breisgauer pries: „Sie kämpfen vorbildlich, haben wenig Kapital, der Trainer trägt einen Ohrring. Das ist meine Welt." So wurde das Freiburger Fußballwunder zusehends zum Mythos aus dem Baukasten, Marke „Wie stelle ich mir das gute Deutschland vor". Hier war alles anders als in Bonn oder bei Bayern München, ja, hier „gehörte das Anderssein zum Programm" (Alfred Weinzierl), und trotzdem gab es keine Probleme mit der 5%-Hürde. Statt dessen sogar, wie gesagt, UEFA-Cup. Journalisten aus allen Ecken gaben sich die Stadionklinke in die Hand und erzählten ergreifende Geschichten: von einem „nichtentfremdeten" Trainer, der Lehrer war, einen Brilli im Ohr trägt, seine Zigaretten selber dreht und Dichterlesungen besucht, von den zahllosen spontimäßigen Spielern mit Abitur, Studienplatz, Müslischale, Fahrrad statt Mercedes und WG-Erfahrung, von einem Albaner namens Rraklli, der hier Unterschlupf fand, vom linksalternativen Offensivgeist, von Stürmern, die beim Schießen denken (→ Strafraum-Melancholiker), und von einem Publikum, das neidlos dem Besseren den Sieg gönnt. So sind oder waren sie, die guten Freiburger, die „Breisgau-Brasilianer", und wenn sie siegen, dann „umarmen sich klassenübergreifend Kleinbürger und Intelligenzija" (Helmut Böttiger), dann erwacht die Illusion, „daß Fußball fast ungetrübt schön sein kann" (Christoph Biermann).

Das klassenübergreifend Ungetrübte ist freilich nicht von dieser Welt. „Erfolg ist wie Schönheit, kann nicht Ewigkeiten dauern“ (Toni Schumacher), und so zerbrach der selbst- und fremdgezimmerte Andachtsschrein binnen kurzer Zeit. Die Saison ’95/96 sah Freiburg im UEFA-Cup gleich in der ersten Runde scheitern und am Ende auf dem elften Tabellenplatz. Heinrich, Todt und Cardoso, alle in Freiburg groß geworden, kehrten dem Club den Rücken, und teure Neuzugänge von überall her, darunter auch der sich ewig mühende Michael Sternkopf und der in England auf der Reservebank versauernde Michael Frontzeck, wurden im Dreier- und Viererpack an Land gezogen und verwässerten das Freiburger System. Die fade Normalität hielt Einzug. Was folgte, im Sommer ’97, hieß Abstieg; das Glück der Kleinen (→ Kamerun, → Alsenborn) währt nur, schön gesagt, einen Wimpernschlag. Mythos hin, Mythos her – einige Spiele im Dreisamstadion werden „bleiben“, im goldenen Buch der Bundesliga. Das 5:1 gegen die Münchner Bayern in der Spielzeit ’94/95 zum Beispiel, als es nach zwanzig Minuten schon 3:0 stand und Oliver Kahns finsterer Blick Zuflucht in den abendlichen Wipfeln des Schwarzwaldes suchte.

Fritz-Walter-Wetter

Nieselregen, der zu weichem Geläuf führt und das Wunder von Bern (→ Wankdorf) ermöglichte. Der Fritz erinnert sich: „Ja, schöner, glatter Rasen – das war mein Boden und kühler, leichter Regen – das war mein Wetter.“ Das beeindruckendste Wasserspiel überhaupt: Deutschland gegen Polen, 3. Juli 1974, Frankfurt am Main (WM). Nichts für → Schönwetterspieler.

Fußballehrer

Ein schönes Beispiel für die neuen Rechtschreibregeln, denn ab dem Jahr 2005 ist die hier bevorzugte Schreibung falsch. Dann gilt nur noch „Fußballlehrer“. Ändert überhaupt nichts daran, daß das inhaltlich Gemeinte seit längerem aus der Mode gekommen ist. Trainer, Coach und seit Beckenbauer Teamchef sind die zeitgemäßen Begriffe. Letzter verbliebener Fußballehrer ist Otto → Rehhagel, der in München binnen weniger Monate bauchlandete, weil die Hätschelkinder von der Isar nichts weniger als einen pedantischen Schulmeister brauchen, der ihnen sagt, wie mit den Medien umzugehen und welches Theaterstück aufzusuchen sei. Zudem trug Rehhagel stets einen uneleganten Trainingsanzug. Auch Übungsleiter will heute keiner mehr sein.

Fußballgott

Auszeichnung, die dank Reporter Herbert Zimmermann auf immer und ewig dem deutschen Torwart Toni Turek vorbehalten bleibt, obwohl es Vorläufer gab wie seinen spanischen Kollegen Ricardo Zamora, der in den Dreißigern den Beinamen „El Divino" („Der Göttliche") erhielt. Damals '54 in → Wankdorf brachte Turek Puskas & Co. zur Verzweiflung. Mit → Religion hat das wirklich zu tun, nachzulesen in Friedrich Christian Delius' Erzählung *Der Sonntag, an dem ich Weltmeister wurde* (1994).

Fußlümmelei

Unter diesem Titel publizierte Karl Planck, Professor und Turnlehrer am Eberhard-Ludwigs-Gymnasium in Stuttgart, im Jahre 1898 eine Streitschrift gegen das „Stauchballspiel und englische Krankheit". Wie unschwer zu erraten, ist der Verfasser dem Fußball nicht wohlgesonnen: „Vernunft, Geschmack, Natur unterliegen, und das höhere Trampeltier bleibt Meister der Schlacht und des Feldes."

Füttern

Mittelfeldspieler schnappen sich Bälle, schlagen sie geschickt nach vorne und „füttern" damit ihre „hungrigen" Stürmerkollegen. So ist das.

G

Galerie

Für die spielen alle, denen der „Zug zum Tor" fehlt, die Ästhetik über Effizienz stellen, folglich „in Schönheit sterben" und „brotlose Kunst" liefern.

Garrincha

Brasilianischer Ballzauberer. Weltmeister '58 und '62. Taugte ähnlich wie → Gento zur Metaphernbildung („Westentaschen-Garrincha") in bezug auf Nachgeborene.

Gefährtin, treue

War dem Sportler früher die Gattin. Wie Ev Herberger ihrem Sepp oder Ilka Seeler ihrem Uwe. Das schenkte den Athleten Kraft und Stärke für den nächsten Spieltag. Seitdem die Frauen in den Siebzigern begannen, den „Tod des Märchenprinzen" (Svende Merian) zu beklagen oder sich mit philosophischen Fragen zu beschäftigen („Wie kommt das Salz ins Meer", Brigitte Schwaiger), ist das alles komplizierter geworden. Treue Gefährtin will keine mehr sein, außer in Fernsehserien („Forsthaus Falkenau") oder in der Volksmusik („Marianne und Michael"). So kommt es, daß Scheidungsgeschichten (Mehmet Scholl, Mario Basler, Lothar Matthäus, Rudi Völler u.v.a.) und Affären das Leistungsvermögen beeinträchtigen. Wem, bitte, ist damit gedient, Frauen?

Gefühle

Sind immer noch in Mode, und sei es nur, um Reporterfragen wie „Was haben Sie beim Siegtreffer gefühlt?" zu ermöglichen. Da „kommen Emotionen hoch".

Geislingen

Städtchen am Fuße der rauhen Schwäbischen Alb. Beim dort ansässigen Sport-Club verlebte Jürgen Klinsmann seine

Lehrjahre als Stürmer: „Geislingen ist mehr als eine Zwischenstation gewesen. Es hat mir mehr als Italien und Frankreich gegeben.“ Ja, man muß nicht immer das Fremdländische verherrlichen. In Geislingen hat auch die berühmte Württembergische Metallwaren-Fabrik (WMF) ihren Sitz. Deren gläserne Knabberschälchen leisten bei Fernsehübertragungen wichtige Hilfsdienste.

Geist

Herrschte früher im Trainingslager vor Weltmeisterschaften und machte aus Männern Freunde. In Spiez oder Malente beispielsweise. Heute im Zeichen fortgeschrittenen Rationalismus will er sich nicht mehr einstellen. Selbst als „Teamgeist“, „Geist der Utopie“ oder „Sportsgeist“ selten anzutreffen.

Generationenkonflikt

Was die Weltliteratur kennt, ist dem Fußball nicht fremd. Die Söhne großer Spieler haben es nicht leicht. Sie verpuffen wie Beckenbauer junior in der Saarbrücker Bedeutungslosigkeit, bringen es wie Haller junior auf ein müdes Jahr erste Liga (und das bei Blau-Weiß Berlin) oder trauen sich, wie Cruyff junior, aus Scham (oder Wut oder Trauer) nicht einmal den eigenen Nachnamen auf dem eigenen Trikot zu führen. „Jordi“, der Vorname, stand da bei der Europameisterschaft ’96 – welch grausame Form des Vatermords. Jordi spielte folglich schwach, die Niederlande schieden frühzeitig aus. Herbert Burdenski (Vater, 5 Länderspiele) und Dieter Burdenski (Sohn, 12 Länderspiele) haben das Problem harmonischer gelöst.

Genickbruch

Damit bringen nur wenige ein Match zu Ende. Bernd Trautmann beispielsweise, der deutsche Torwart von Manchester City, im englischen Cup-Final ’56 gegen Birmingham.

Gento, López Francisco

Prächtiger spanischer Linksaußen in den Sechzigern. Seine Größe zeigt sich darin, daß sein Name post festum zur Vergleichsbildung herangezogen wurde. Der Stuttgarter Außen Hartmut Weiß etwa wurde als „Filder-Gento" tituliert – was man freilich nur in Bernhausen oder Echterdingen zu schätzen, wenn nicht: zu verstehen wußte.

Germanisten

Das lang gehätschelte Vorurteil, eine universitäre Ausbildung und Anstellung schütze vor Trivialitäten wie der Fußballeidenschaft (→ Fußballehrer), ist irrig. Gerade die permanente Beschäftigung mit alltagsfernen Dingen wie Genaktivierung, Schopenhauers Mitleidsethik oder Paul de Mans Texttheorie heischt nach Kompensation. Nehmen Sie die Germanistik, eine Disziplin, die wie der Fußball von einer Krise in die nächste treibt und die dennoch (oder deshalb?) veritable Kenner des Ballgeschehens hervorgebracht hat. Prof. Dr. Hartmut Steinecke (Paderborn), der Romantik- und Romanexperte, trainierte in den Fünfzigern unter Helmut Schön beim Saarländischen Fußballverband. Prof. Dr. Jörg Drews (Bielefeld), der in der Lyrik sagt, „was bleibt", wurde auf dem Lauterer Betzenberg groß und erinnert sich an dessen „Aura milden Glanzes". Prof. Dr. Karl Riha (Siegen), der DADA-Forscher, gab die dem „1. FC Jauadeppel" gewidmete Anthologie *Fußball literarisch* heraus. Prof. Dr. Klaus Zeyringer (Angers), Spezialist fürs Literarhistorische, führt in einem unveröffentlichten Roman folgendes aus (→ Sex): „Einer hatte ihm erzählt, daß er oft an ein Fußballspiel denke, während er mit einer Frau schlafe, um länger auszuhalten, worauf er, Herzka, gesagt hatte, daß er im Gegenteil beim Fußball oft daran denke, mit einer Frau zu schlafen." Und sein österreichischer Teamkollege Wendelin Schmidt-Dengler (Wien) ist sowieso von ungebrochener Leidenschaft beseelt: „Wie Shakespeares *Hamlet* oder Lessings *Minna von Barnhelm* ausgehen, weiß ich, aber wie das nächste Derby zwischen Rapid und Austria ausgeht, weiß ich nicht. Der ästhetische wie dramaturgische Vorsprung des Hanappi-Stadions vor dem Burgtheater ist kategorial."

Innerhalb ihres Fachs besteht für Germanisten wenig Möglichkeit, Texte nach ihrem Geschmack zu finden. Manche warten auf den ‚großen' Roman zur deutschen Einheit, andere auf den ‚ganz großen' Fußballroman.

Geschichte

Ist oft sehr einfach nachzuerzählen. So läßt sich, wie immer wieder zu lesen ist, die Entwicklung der Bundesrepublik seit 1945 in übersichtliche Analogien fassen. Demnach lauten die Gleichungen: Herberger = Adenauer; WM '54 = Wir sind wieder wer; Seeler = Wirtschaftswunder; Netzer = Brandt; EM-Sieg '72 = Mehr Demokratie wagen; WM-Sieg '74 = Macher Schmidt kommt; Gijon = Genscherismus; Vogts = Kohl. Weitere Beispiele kann jeder selber bilden. Bauanleitung bei Norbert Seitz, *Kohl & Maradona. Politik und Fußball im Doppelpaß* (1990).

Geschlechtskrankheiten

Stehen dem Profi – wenn wir eine kühne Metapher riskieren wollen – nicht gut zu Gesicht. Deshalb gilt es, Vorsichtsmaßnahmen zu treffen. Toni Schumacher, der erfahrene Toreverhüter, weiß um die Gefahren, die insbesondere im Trainingslager lauern, und rät: „Warum nicht käufliche Schöne einladen? Der eine nähm sich eine Brünette, der andere steht auf Rothaarige. Man hätte die Gewißheit, daß die Mädchen ‚clean' sind. Lieber organisierte ‚Liebe' als zusehen, wie die Jungs in die nächstgelegene Stadt flüchten und sich in irgendeinem üblen Puff Tripper, Maul- und Klauenseuche holen." Wie sich die Zeiten ändern: 1954 in der Schweiz war dem Spieler Enthaltsamkeit selbstverständlich; die Frau des Halbstürmers Schäfer beklagte sich bitterlich: „Mein Mann besucht mich nur in Begleitung seines Freundes Eckel." Siehe auch → Seuchen.

Gesetze, eigene

Hat der Pokal, wie auch Heribert Faßbender jüngst messerscharf erkannte. Bringen den „Pokalschreck“ (Geislingen, Eppingen, Vestenbergsgreuth, Stendal usw.) hervor.

Gijon

Spanischer Ort des WM-Skandalspiels Deutschland gegen Österreich, das am 25. Juni 1982 abgekartet 1:0 endete, um den armen Algeriern den Einzug ins Viertelfinale zu verwehren. Synonym für Schmach, Schande, → Derwall etcetera. Das Ereignis forderte mancherlei Reflexionen heraus: „Seit Gijon ist die Posthistoire des Fußballs angebrochen.“ (Norbert Seitz)

Glas, Hans

Fabrikant der Goggomobil-Werke Dingolfing, der es sich 1954 nicht nehmen ließ, die deutsche Weltmeisterelf reich zu beschenken: mit grünen Motorrollern und roten Sturzhelmen, was eigentümlicherweise die ungarischen Farben sind.

Gleich

Ein unscheinbares Füllwort, ein Zeitadverb, das keinerlei Beachtung wert war – bis ihm das Privatfernsehen beklemmend Bedrohliches verlieh. Das geht dann so: „Das Spitzenspiel des 17. Spieltags, Leverkusen gegen Stuttgart, *gleich* bei uns ...“ Zuerst jedoch der quälend lange Werbeblock (Bier, Autos, Reifen, Rasierwasser, ranissimo). Gleich – wie Wörter ihren Charakter verändern können.

Gleiche Höhe

War früher Abseits. Heute: Weiterspielen!

Glück

Braucht man. Immer wieder gerne zitiert wird das Bonmot des Mittelstürmers Jürgen „Kobra“ Wegmann: „Heute hat mir das Glück gefehlt, und dann kam auch noch Pech dazu." Berti „Bundestrainer" Vogts definiert wie immer etwas subtiler: „Glück bedeutet auch, wenn man mit sich selbst und seinem unmittelbaren Umfeld zufrieden ist." Sehr gut in diesem Zusammenhang auch Hiltrud „Exministerpräsidentengattin" Schröder (→ Bratwurst): „Der Birnbaum ist mein Glück." Darauf einen Williams Christ.

Golden Goal

Eine grausame Einrichtung. Wenn das in der Verlängerung fällt, ist alles vorbei. Oliver Bierhoff schoß das allererste, im Europameisterschaftsendspiel '96 gegen Tschechien. Eine herrliche Einrichtung.

Granaten

Lange bevor Heinz-Klaus Mertes den Begriff der „political correctness" verstand, galt es in Reporterkreisen als bedenklich, den Wortschatz des Krieges auf den Platz zu tragen. Kraftvolle Schüsse, wie sie Luttrop, den man leichtfertig sogar „Atom-Otto" nannte, Kohlhäufl, Nickel, „Bimbo" Binder, „Buffy" Ettmayer, Allgöwer („Wasen-Karle"), Kastenmaier, Koeman, Neeskens oder Anderbrügge glückten, dürfen seitdem nicht mehr als Granaten, Bomben, Torpedos u.ä. bezeichnet werden. „Mein Gott, was für ein Bums" ist hingegen weiter erlaubt. Das Fachorgan „kicker" hinkt wie immer hinterher und verleiht Jahr für Jahr die „Torjäger-Kanone". Ein engagiertes Spiel mit Verlusten „Schlacht" zu nennen gilt auch ihm, dem „kicker", als unfein. Was waren das für unreflektierte Zeiten, als Gerd Müller „Bomber der Nation" gerufen wurden und „offene Feldschlachten" abgingen.

Grosser, Peter

Zu Unrecht in Vergessenheit geratener Spieler aus den sechziger Jahren. Filigrane Technik und elegante Ballführung zeichneten ihn aus. Brachte es nur auf zwei Länderspiele, woran man sieht, daß das nicht immer was zu sagen hat. Spielte für die Münchner Löwen, womit sich, Fügung des Alphabets, ausgezeichnet zum nächsten Eintrag überleiten läßt.

Grünwalder Straße

Im dortigen Stadion auf Giesings Höhen spielten die Löwen seit jeher. Dann zogen sie, als das 20. Jahrhundert sich dem Ende zuneigte, des Mammons wegen ins kalte Olympiastadion. Nein, das war nicht richtig. Stadion an der Grünwalder Straße, bewahrt sei dir ein ehrenvolles Angedenken!

H

Haare

Haben, wie Absalom, Rapunzel, Struwwelpeter, Telly Savalas und Gabriele Krone-Schmalz lehren, einen ungeheuren Symbolwert. Das Abschneiden hat, glaube ich, mit Penisneid zu tun. Auch im Fußball sind Haare nicht einfach Kopfschmuck. Der Franzose Gilbert Gress beispielsweise fiel Ende der Sechziger in Stuttgart unangenehm auf, weil er sein Haar so lang trug. Das mißfiel seinem Trainer Albert Sing, einem aus der alten Schule; gemeinsame Friseurbesuche wurden vereinbart. Wenig später folgten Günter → Netzer, dessen wehende Mähne mit Rudi Dutschke, Rebellion und Kommunen zu tun hatte, oder Ewald Lienen, der gegen die Nachrüstung war. Das große Vorbild: George Best, der Nordire. Bald darauf war Schluß damit, Netzer ging ins Ausland, die Thomas-Helmer-Fönfrisur eroberte den Rasen. Spieler sehen jetzt wieder wie Schwiegersöhne aus. Ausnahmen bestätigen die Regel: Ein langhaarig Gebliebener wie Alain Sutter, der zudem keine französischen Atomversuche mag, mußte logischerweise, wie zuvor „Charly“ Mrosko, bei Bayern München scheitern. Das hätte man ihm vorher sagen können. Bei → Freiburg hingegen geht das; da durfte Sutter wieder mitmachen, da tummelten sich ein Harry Decheiver oder ein Michael Sternkopf, die ähnlich aussehen. Trainer zeigen ebenfalls größeres Beharrungsvermögen und tragen wie Winfried Schäfer, Friedel Rausch oder Christoph Daum zur Verarmung des Friseurhandwerks bei. Unter den Spielern kicken neuerdings manche auch bürstenkurz wie Axel Kruse oder kahlköpfig mit Stirnkranz wie Ivica Mornar, dessen Frisur indes seiner Freundin, die Miss Croatia war, gefällt. Meistens bedeuten solche Extravaganzen Unheil, wie die Betrachtung der verschiedenen Bartwuchsvariationen untermauert. Denken Sie an die Dreitagebärte des Feuerkopfs Sammer oder des Autoverkäufers Gaudino. Nur Heribert Faßbender bleibt bei seinem seriösen Gesichtsschmuck. Und Siegfried Helds Augenbrauen? Und Roberto Baggio, der flinke Italiener mit dem klitzekleinen Pferdeschwänzchen, und Manfred Bender, sein deutscher Epigone?

Hacke

Mit der, also mit dem Absatz, kann man feine, Freund und Feind in Fassungslosigkeit stürzende Tore erzielen. Herausragende Beispiele: Fritz Walter am 6.10.1956 für Kaiserslautern gegen Karl-Marx-Stadt oder Rabah Madjer am 27.5.1987 für Porto gegen Bayern München, was sogar einen Europacuptitel einbrachte.

Halbzeitpause

Ist vor allem deshalb interessant, weil alle darüber rätseln, was der Trainer seiner Mannschaft „in der Halbzeitpause wohl gesagt haben mag“, beim Pausentee natürlich.

Hallenfußball

Auch wenn du als „Masters“ aufgebretzelt wirst: Mehr als zum geschmacksarmen Sedativum, zur müden Pausenclownerie in den lichtlosen Monaten der → Winterpause bringst du es niemals.

Hammer

Erich Juskowiak war „Der Hammer“, Bernd Nickel „Doktor Hammer“, Lothar Matthäus „Der Behämmerte“. Hammerhart.

Händchen, glückliches

Haben Trainer, wenn sie beim Stand von 0:2 in der 80. Minute einen Spieler („Joker“) einwechseln, der dann flugs drei Tore macht und so das Spiel „umbiegt“.

Handke, Peter

Österreichischer Dichter, der in seinen Sturm-und-Drang-Jahren nicht nur ehrwürdige Mitglieder der Gruppe 47 beschimpfte, sondern auch allerlei Philosopheme zum besten gab: „Wie alles, was rund ist, ist auch der Fußball ein Sinnbild für das Ungewisse, für das Glück und die Zukunft.“ Sein Roman *Die Angst des Tormanns beim Elfmeter* wird von Unkundigen für ein Buch zum Thema gehalten. Was völlig falsch ist, denn die Geschichte vom Monteur Bloch (hört, hört!), der jählings Kassiererinnen meuchelt, spielt nur versehentlich auf Fußballplätzen. Der Romanschluß liest sich so: „Der Schütze lief plötzlich an. Der Tormann, der einen grellgelben Pullover anhatte, blieb völlig unbeweglich stehen, und der Elfmeterschütze schoß ihm den Ball in die Hände.“ Das kommt im wirklichen Leben nie vor, ist aber vermutlich eminent symbolisch gemeint. Immerhin enthält der Roman einen ziemlich gelungenen Vergleich: „Er sagte, ihre Bluse sei gestreift wie ein Fußballdreß.“ Später wandte sich Handke von diesem Motivfeld ab. In der Niemandsbucht spielt niemand Ball.

Happel, Ernst

Der letzte große Trainer, der „Thomas Bernhard des österreichischen Fußballs“ (Klaus Dermutz). Schwieg, wo andere sprachen. Rauchte. In seiner Heimat kurz „Wödmasta“ genannt. Obwohl er nie einer war. Trotzdem. SAT.1-Ansager

Reinhold Beckmann hat Happel ein Buch gewidmet. Elende Ranschmeißerei.

Harte Hunde

Nennt man Trainer, die sagen, was Sache ist. Schleifer wie Happel, Merkel, Zebec, Klimaschewski, Michels, Lorant oder Magath, die schon mal die Bleiweste zum Training mitbringen.

Haudegen

Dem Soldatischen entlehnte Typenbezeichnung. Gemeint sind robuste, erfahrene Fußballer, denen es an technischer Perfektion gebricht, die jedoch „voll reingehen", „bis zum Umfallen kämpfen" und „ihren Mann stehen".

Hauruckfußball

Eher schlichte Spielart, die ohne viel Federlesens und Geplänkel zum Ziel kommen möchte. Deshalb feste druff. Deutsche Variante des britischen Kick-and-Rush. Uneleganter als → Hurrafußball.

Hecke^{n}wetz

Plastischer schwäbischer Ausdruck für ein qualitativ minderwertiges Fußballspiel in ländlicher Umgebung. Die genaue Wortherkunft kann man sich in Hermann Fischers und Hermann Taigels *Schwäbischem Handwörterbuch* (^{2}1991) zusammensuchen.

Heintje

Niederländischer Kinderstar in den Sechzigern, der Müttern und deren Müttern mit Liedern wie *Mama* oder *Ich bau' dir ein Schloß* Tränen in die Augen trieb. Von daher rührt die Analogiebildung, derzufolge Andreas Möller beharrlich als „Heintje" bezeichnet wird. Und was Wahres ist ja dran: Möller hätte ein sehr Großer des Fußballs werden können, wenn er nicht einmal im Monat als weinerliches Sensibelchen posieren würde. Was er kann: schöne Pässe schlagen, ebensolche Distanzschüsse abgeben, schnell antreten. Doch leider auch: saft- und kraftlose Auftritte in der Nationalmannschaft, die → Schwalbe schlechthin, die verlogene Mikrophonansprache an die Dortmunder Fans, kurz bevor er nach Frankfurt wechselte, und Interviews, an deren Inhalt wir uns zum Glück nicht im geringsten erinnern. Vielleicht ist noch nicht aller Tage Abend: Auch aus Heintje wurde nach dem Stimmbruch Hein Simons – dessen Schlager freilich niemand mehr hören wollte.

Herberger, Sepp(l)

Der deutsche Bundes-, vormals Reichstrainer. Von 1936 bis 1964 im Amt. Der Chef. Der gute, weise Mensch von der Bergstraße. Der „Erik Ode auf der Trainerbank" (Walter Jens). Der Fuchs. Berühmt und gefürchtet: sein Notizbuch. Führte die Deutschen mit dem WM-Sieg von Bern '54 (→ Wankdorf) in die Gemeinschaft der geachteten Völker zurück. Und das mit aller Raffinesse. In der Vorrunde schickte er gegen die vermeintlich übermächtigen Ungarn ein Reserveteam aufs Feld, eine herbe 3:8-Schlappe in Kauf nehmend. So wiegte und wog sich der Magyare in Sicherheit, bis ihm im Endspiel das Lachen verging und er besiegt in die Puszta zurückgeschickt wurde. Ein Jahr später gingen die Deutschen auf Versöhnungskurs und drehten den Film *Ich denke oft an Piroschka*, in dem ein deutscher Austauschstudent (Gunnar Möller) ein frisches ungarisches Mädel (Liselotte Pulver) für sich gewinnt.

Doch zurück zu Herberger: Sein eigentlicher Ruhm beruht nicht allein auf seinen Erfolgen als väterlich-gütiger Trainer. Nein: Herberger ist uns Heutigen vor allem Philosoph, wohl der einzig originäre Denker, den die deutsche Nachkriegsmetaphysik hervorgebracht hat. Seine gottgegebene Fähigkeit, zuweilen „an Kants synthetischen Apriorismus erinnernde" (Hartmut Esser) Einsichten stringent zu formulieren, erlaubten es, komplizierte Sachverhalte verständlich zu machen, und ließen ihn zum Vorreiter alles Erdenklichen werden: „Im Grunde war Herberger schon, was heute postmodern heißt.“ (Jürgen Leinemann) Die Unwägbarkeit, die dem Fußball eignet – Martin Seel spricht von den „Mysterien der Kontingenz“ –, war Herbergers Leib-und-Magen-Thema. Wie werde ich mit dem Unberechenbaren fertig? Wie stelle ich meine – geistig nicht immer hochentwickelten – Spieler (→ Derwall, Jupp) darauf ein? Wie schaffe ich Freiräume im klar umrissenen Regelsystem?

Herbergers Sentenzen gehören längst zum Hausschatz des Volksmunds, weil sie vom Fußball sprechen und das Leben, das Dasein, meinen. „Der Ball ist rund“ und „Ein Spiel dauert neunzig Minuten“: Beide Sätze, syntaktisch übersichtlich gebaut, warnen vor dem Tückischen. Im Sinne des → Existentialismus wird das Dasein als Wagnis begriffen, das von seiner Geschichtlichkeit nicht getrennt werden kann. Der einzelne – auch Horst Eckel, Werner Liebrich und Uwe Seeler – hat sich der sittlichen Aufgabe zu stellen, die Verantwortung seiner Existenz in Freiheit zu übernehmen, das heißt, bis zum Schlußpfiff zu kämpfen und zu rackern. Sartre nannte dies „Engagement“, → Beck-Dülmen „Teilnahme“. In eine andere Richtung zielen indes Herbergers Beobachtungen „Nach dem Spiel ist immer vor dem Spiel“ und „Der nächste Gegner ist immer der schwerste“. Hier ist unschwer der Einfluß des nur acht Jahre älteren Martin Heidegger zu fassen. Beide eint die Anschauung vom Dasein des Menschen, das Geworfensein in die Welt bedeutet, von Furcht und Angst geprägt. In diesem „Sein zum Tode“ klingt die drohende Niederlage an, die die nächste Auseinandersetzung bringen kann. Eine einzige Unachtsamkeit, und alle Hoffnung fährt dahin. Die Verknüpfung von existenz- und geschichtsphilosophischer Thematik ist in Herbergers Denken evident. Der ewige Kreislauf des Lebens – immer ist man „vor dem Spiel“ – spiegelt sich im Turnus der Meisterschaftsrunden; das Dasein vollzieht sich in zyklischen Bahnen, und nur wer dieses auch von Oswald Spengler inspirierte Gedankengut annimmt, ist fähig, Glücken und Scheitern zu beeinflussen und, wenn alles gut läuft, Fußballweltmeister zu werden.

Hermeneutischer Elfmeter

Was ist das schon wieder? Dem Gießener Philosophen Martin Seel zufolge verhält es sich damit so: „Hermeneutisch heißt ein Elfmeter, der vom Schiedsrichter verhängt wird, obwohl er nicht hätte verhängt werden müssen, oder umgekehrt, den der Schiedsrichter nicht verhängt, obwohl er hätte verhängt werden können." Ja, Kalli Feldkamp, Wolfi Poschmann, Reini Beckmann – das hätte euch auch einfallen können, oder?

Hexenkessel

Heißen Stadien, in denen die Post abgeht (→ Alm) und womöglich wie in Kaiserslautern „rote Teufel" spielen. Woher jedoch dieses Bild, das nach Frauen- und Menschenverachtung riecht, auf uns kam? Hat das mit der Walpurgisnacht zu tun, jener Hexenzusammenkunft in der Nacht zum 1. Mai, dem traditionellen Festtag der Arbeiter, denen bekanntlich der Fußball gehörte, bevor Uli → Hoeneß sich einschaltete?

Hidegkuti, Nandor

Ungarischer Spieler in den Fünfzigern. Klangvoller Name. Wurde als „wandernder Mittelstürmer" eingesetzt, ein Schachzug, der gedanklich unflexible Teams in schwere Nöte brachte.

Hinterkopfballtreffer

Gelegentliche → kuriose Erscheinung, wenn der Angreifer scheinbar ungünstig mit dem Rücken zum Tor steht und es ihm dennoch glückt, den Ball mit dem Hinterkopf, zur Überraschung des verdutzten Torhüters, in die Maschen zu bugsieren. Das bemerkenswerteste Beispiel dieser Treffermethode lieferte der klein gewachsene Uwe Seeler bei der WM '70, als er Englands Ersatzkeeper Peter Bonetti auf diese Weise leimte.

Hoeneß, Uli

Ein Sympath, der es fast mit Egon → Coordes aufnehmen kann. Als Spieler gelangte er 1974 immerhin zu Weltmeisterehren, und als Manager und „fußballfuturistischer Chefideologe“ (Eckhard Henscheid) versucht er seit 1979, Bayern Münchens Renommee als christlich sozialer Kaviarclub zu kultivieren. Die Tragik der Hoeneßschen Biographie liegt darin, lediglich mit einer fußballerischen Szene aktiv in Erinnerung geblieben zu sein: mit seinem Beitrag zum Elfmeterschießen des Belgrader Europameisterschaftsendspiels 1976, Deutschland gegen ČSSR, als er den entscheidenden Strafstoß in den grauschwarzen Abendhimmel, gewissermaßen „unter die Dachrinne“ (Uwe Klimaschewski), drosch. Ein Bild des jammervollen Versagens, das sogar zu Dichtung inspirierte. Die Gesangsgruppe Norbert & die Feiglinge intonierte das atmosphärisch kompakte Lied *Bayern hat verloren*, das die Strophe enthält: „Ich denk' mir verdrossen: / Na, wer hat ihn denn verschossen? '76 vergessen wir nie!“ Die Orientalistin Prof. Dr. Dr. h.c. mult. Annemarie Schimmel verfaßte hierüber einen wohlgeformten Limerick, der an dieser Stelle als Erstveröffentlichung (!) umgehend zur Kenntnis gebracht sei:

Inmitten gewalt'gen Gestöhnes
verschoß den Elfmeter der Hoeneß.
Das Spiel ist verloren ...
Mit hängenden Ohren
betrachtet der Trainer, Herr Schön, es!

Gegen dieses Versagerimage kämpft Hoeneß seitdem an; vieles erklärt sich dadurch. Er selbst hat versucht, das Schicksal künstlerisch zu bewältigen (siehe Adolf Muschg, *Literatur als Therapie?*, 1980), und die Momente post festum schreibend verarbeitet: „Allein lag ich da – hoch oben im 16. Stock des Hotels Jugoslawia in Belgrad. Sie hatten mich alle allein gelassen. Und ich war froh darüber. Ich wollte niemanden mehr sehen. Ich hatte nichts angerührt vom Abendessen, ich hatte den Rotwein stehen lassen und den Sliwowitz, mit dem sich die Deutschen den Kummer hinunterspülten." Aber seine Freunde Franz Josef Strauß und Helmut Kohl schickten tröstende Telegramme.

Holt euch das Spiel zurück!

Dem englischen „Reclaim the game" nachempfundener Appell, der darauf basiert, daß irgendwer (der Kapitalismus? Helmut Kohl? Olli Klatt? Leo Kirch? alle zusammen?) den richtigen Fans, die früher Arbeiter waren, irgendwann das Spielzeug weggenommen hat, Champagnerlogen baut, für → Versitzplatzung und die „Zerstörung proletarischer Öffentlichkeit" (Dietrich Schulze-Marmeling) eintritt. Wie es weitergeht, ist momentan unklar; mal sehen, wann das Spiel wieder heimkommt.

Holthoff, Ulla

Journalistin vom Deutschen Sport-Fernsehen. Gut gefallen hat uns, was sie – Stichwort: Frauensolidarität – über ihre Kollegin Christine Reinhart vom „Aktuellen Sportstudio" zum besten gab: „Dafür, daß sie keine Ahnung hat, sieht sie einfach nicht gut genug aus." Touché!

Holztreffer

Wer am häufigsten pro Saison Latte oder Pfosten trifft, läßt sich, der SAT.1-Datenbank sei Dank, mittlerweile statistisch genau ermitteln. Pfiffige Kommentatoren ergänzen meist, daß das Holz längst kein Holz mehr ist, sondern Leichtmetall oder so. Wie aber hat sich ein Stürmer zu verhalten, um mit solchen Mißgeschicken fertigzuwerden? Uwe Seeler weiß wie immer Rat: „Ein Fußballer muß mit dem Dasein der Torbalken leben, so gut es geht. Pfostenschüsse sind üblich, Lattentreffer gibt es eben. In Amsterdam habe ich einmal die Inschrift eines Kirchenportals gelesen, die die ganze Tragik in zwei Sätzen erfaßt: ‚So ist es. Es kann nicht anders sein'."

Huberts, Willi

Österreicher. Der erste Ausländer, dem ein Bundesligator glückte.

Hunde

Krumme und windige gibt's fußballerisch gesehen einige, doch im Konkreten, im Alltag sieht es dürftig aus. Freiburgs Pressesprecher zur Nedden mußte die Anfrage einer Foto-Agentur deshalb recht knapp beantworten: „In der Lizenzspielermannschaft des SC Freiburg gibt es nur einen Hundebesitzer. Es ist Jens Todt, und sein Hund ist ein Labrador, der aber zur Zeit bei seinen Eltern lebt." Bei wessen Eltern, fragt man sich. Und: Lebt das Tier noch? Ging es mit an die Weser, als Todt Freiburg verließ?

Hurrafußball

Wurde früher gespielt. Gefällt den Zuschauern, gilt aber in Zeiten des entwickelten Profitums als naiv. Wer es dennoch damit probiert, fällt meist auf die Schnauze. Antonyme: Kontrollierte Offensive, Alibi-, Angsthasenfußball u.a.

I

i

Auf diesen Vokal enden häufig Kosenamen für Fußballer, eine seit Mitte der Achtziger zunehmende Tendenz. Typisches Produkt des neosensiblen Werbefuzziklimbims, das erwachsene Männer grundlos verniedlicht. Soll das „Anfassen" erleichtern. Klinsi, Hoppi, Kiki, Toppi, Manni, Hacki, Schlappi, Chapi (→ Hunde), Litti, Scholli, Andi, Fränki – die Beispiele sind Legion. Selbst am Telefon sagen viele jetzt „Tschüsi". Daß Wynton Rufer „Kiwi" gerufen wird, hat andere Gründe. Schalkes Klaus Fichtel war „Tanne", Willy Multhaupt „Fischken", Rudi Völler „Tante Käthe"; Dortmunds Michael Zorc hört auf „Susi"; das gefällt, trotz „i".

Indianer

Stehen in der Fußballgeschichte etwas verloren herum. Am bedeutsamsten vermutlich in Melchior Vischers großartigem Drama *Fußballspieler und Indianer* aus dem Jahre 1924, justament als der Nürnberger Club mit Stuhlfauth im Tor Meister wurde. Ansonsten gehen die alten Häuptlinge und die jungen Squaws offensichtlich anderen Hobbys nach. Henry de Montherlant, dem französischen Dichter, fiel zum Thema Indianer auch nur Eigentümliches ein: „Nach dem Spiel, wenn der Matsch einem indianische Schneeschuhe an die Beine klebt ..." Indianische Schneeschuhe, was sonst.

Inoffiziell

Ist der Titel des Herbstmeisters. Kann man sich absolut nichts für kaufen. Eventuell psychologisch wichtig. Oder aber Belastung.

Interaktiv

Sollten Fernsehübertragungen sein, damit unliebsame Spielstände korrigiert werden können.

Interimstrainer

Heißen die, die Trainer sein dürfen, wenn der alte weg mußte und der neue noch auf der Autobahn ist. Vorübergehend eben.

Intrigantenstadl

→ Bayern München, FC.

J

Ja, gut

Damit pflog Ruuudi Völler seine ‚Statements' zu beginnen. Uwe Seeler mit „sicherlich", Andy Brehme mit „Ich sach' mal", Lothar Matthäus mit „klar".

Jens, Walter

Emeritierter Tübinger Rhetorik-Professor, der von einfaltslosen Fernsehredakteuren immer noch als maßgebliche Instanz des intellektuell angehauchten Fußballkommentars angegangen wird. 1975 hielt Jens (über den die Hamburger Autorin Karen Duve übrigens ein einfühlsames Gedicht geschrieben hat, das mit der Zeile endet „Rübenkamp stieg Walter Jens aus und nahm meinen Bleistift mit“) die Festansprache zum 100. Geburtstag des Deutschen Fußball-Bundes. Da finden sich wundervoll geformte und wundervoll gebildete Sätze wie „Fußball: Wirklichkeits-Verdoppelung und zugleich Entwurf von Möglichkeit? Widerschein und Vorausschau in eins – wie die Kunst? Fußball die coincidentia oppositorium? Die Versöhnung mitten im Streit?“ Jensens viele Bücher (vor allem die zusammen mit Hans Küng geschriebenen) sind mittlerweile weitgehend vergessen. Schön hingegen sein Geständnis: „Derle Ahlers, Otto Rohwedder, Herbert Panse, Kalli Mohr und Hanno Maack ... wenn ich den letzten Goethe-Vers vergessen habe, werde ich den Eimsbütteler Sturm noch aufzählen können.“

Jesus

Gilt vielen als Begründer des Fußballs, steht doch in der Bibel geschrieben: „Und Jesus ging aufs Tor zu, und die Jünger standen abseits.“ (→ Religion)

K

Kameradschaft

Gab es früher, als Sammy Drechsel seinen unvergänglichen Roman *Elf Freunde müßt ihr sein* (1955) veröffentlichte. Heute noch ab und zu auf dem Boden der ehemaligen DDR anzutreffen.

Kamerun

Eine Weltmeisterschaft lang, 1990, der Hoffnungsanker des verflachenden Fußballs. Erfrischende Spielweise, die selbst älteren Männern wie Roger Milla, vermutlich 1952 geboren, entgegenkam und Höchstleistungen hervorrief. Gab allen Kraft, die keine mehr hatten, und zu allerlei Spekulationen Anlaß: „Mittlerweile ist nur noch Afrika im Kommen", „Afrika kommt. Das hält die Vision wach." (Helmut Böttiger) Eine WM später, 1994, war der Lack ab: Der nicht mehr kommen wollende Kameruner scheiterte kläglich in der Vorrunde, unterlag dem Russen gar mit 1:6. So ergeht es Visionen. Siehe auch → Dänen, → Freiburg, → Rostock.

Kampf

Über den kommen technisch unterbelichtete Teams häufig ins Spiel. Wo waren die vorher? Frauen tun sich, so eine verbreitete Ansicht, damit schwer; die Sportwissenschaftlerin Manuela Müller-Windisch etwa führt aus, daß „Kämpfen nicht zum erwünschten Verhaltensrepertoire bei Mädchen gehört". Kommen die dann nie ins Spiel?

Kanzlerdämmerung

Christof Siemes schrieb 1993 in einem Essay über den SC → Freiburg: „Wenn der erste Freiburger in der Nationalmannschaft spielt, ist Kanzlerdämmerung." Dann berief Berti Jörg Heinrich und Jens Todt, und Helmut Kohl blieb einfach im Amt, als wäre rein gar nichts passiert.

Kerner, Justinus

Dichter der Schwäbischen Romantik, über den wir viel lieber schreiben als über seinen Namensvetter, den Reporter Johannes „Baptist" Kerner. Justinus wirkte im württembergischen Städtchen Weinsberg als Arzt, promovierte über Wurstvergiftungen, trank täglich etwa zweieinhalb Liter leichten Weißweins und schrieb Verse wie „Zur Ruh', zur Ruh', / Ihr müden Glieder! / Schließt fest euch zu, / Ihr

Augenlider“, was wiederum bei mancher „Anmoderation“ mit Johannes Kerner zu empfehlen wäre.

Killer-Instinkt

Wer den nicht hat, taugt nicht fürs Sturmzentrum eines Bundesligisten. Brechen, reißen, zuschlagen ... das lieben die „natural born killers“ unserer Tage, wie Lothar Sippel etwa: „Ich wurde geboren, um Tore zu schießen.“ Ob das der himmlische Vater auch so sieht? Und Mutter Sippel?

Klatsche

Hohe Niederlage. Auch Packung. Kann in die Patsche führen. (Dieser Eintrag entstand mit freundlicher Unterstützung von Willy Steputat, *Reimlexikon*, 1997.)

Klebe

Strammer Schuß mit links, der den Dortmunder Außen Lothar Emmerich auszeichnete. Sein Beitrag zur Geschichte: Das 1:1 gegen Spaniens Torwart Iribar im Vorrundenspiel der WM ’66, aus „unmöglichem“ Winkel. Wie meinte ein englischer Reporter: „I never saw a goal like this.“ Emmerich wird auch die Ballmetapher „Kirsche“ zugeschrieben, insbesondere in der Wendung „Gib mich die Kirsche“, die er, so will es die „oral history“, im Spanien-Spiel ’66 kreiert habe: Anstatt seinem Zwilling Siegfried Held wie beabsichtigt „Wirf mir den Ball zu“ zuzurufen, verwirrte er die mit unzureichenden Deutsch-Kenntnissen ausgestatteten Spanier und holte zum enigmatischen Kirschen-Imperativ aus.

Klein-Klein

Häßlich anzusehende Weise, sich den Ball über kurze Distanzen zuzuspielen, ohne Raumgewinn. Öffnet nichts, bringt nicht weiter und weckt Zuschauerunmut. Letzter Fürsprecher war Rainer Maria Rilke: „Nichts ist mir zu klein, und ich lieb es trotzdem“.

Klinsmann, Jürgen

Klinsi. Cleansman. Goalgetter. Der Saubermann, der nette Junge der Neunziger, mit VW-Käfer, „Schlafsack, Gitarre und Mundharmonika" (Geschwister Leismann). Trotz urschwäbischer Herkunft (→ Geislingen) von einer gewissen polyglotten Weltläufigkeit, die ihn von Stuttgart nach Mailand, Monaco und Tottenham führte – und, sein Vater warnte vergeblich, zu den Münchner Bayern, wo er sein natürliches Lachen verlor. Seine technischen Qualitäten als Fußballer werden kontrovers diskutiert: Glanzvollen Treffern stehen tapsige Stolperer gegenüber. Aber: Macht das nicht seine Ausstrahlung aus? Seine irdisch bleibende Größe, die zeigt, wie nahe Genialität und Versagen beieinander liegen? Auf jeden Fall: ein Hoffnungsschimmer, kein Yuppie, eher ein Grumpie („grown-up and mature"). Man ist ja schon für kleine Lichtblicke dankbar.

Klub

Gehört zum Spiel „wie der Hut zum Kopf" (Johan Huizinga), denn der „Verein, zu dem man hält, gibt Heimat, geliehene Heimat" (Jürgen Flimm), und nur die, die ständig „on the road" sein wollen, erwärmen sich für den SC → Freiburg. In Zeiten, da die Scheidungsrate permanent steigt und man über das Singletum kaum hinauskommt, gewinnt die unverbrüchliche Bindung zu einem Verein große Bedeutung – daher auch das brasilianische Sprichwort: „Die Frau zu wechseln ist verständlich; den Verein zu wechseln zeigt eine Schwäche des Charakters." Der Klub fällt einem zu, die Bindung ist nicht frei zu wählen, und eine Trennung ist in der Regel ausgeschlossen, auch wenn der Klub erbarmenswert schwach spielt. „Ein Austria-Anhänger ist, wer es trotzdem bleibt." (Friedrich Torberg) Am eindringlichsten ist das Phänomen in Nick Hornbys Roman *Ballfieber* (1996) am Beispiel Arsenal London zu studieren.

Knallhart

Ist das Profigeschäft (→ Schwulsein).

Ko-Kommentator

Unzertrennlich mit dem Namen Karl-Heinz Rummenigge verbunden. Heribert Faßbender („Kalle, was meinst du?") und Er („Das ist nicht unrisikovoll!") – Sternstunden der TV-Geschichte. In Erinnerung auch, wie sie in der Affäre Rijkaard/Völler (→ Spucken) Schiedsrichter Lousteau zur Heimreise aufforderten: „Schickt den Mann in die argentinischen Pampas zurück!" Rummenigge wiederum wurde vom englischen Duo Alain & Denise erfolgreich besungen. Die deutsche Coverversion stammt von Cleo Kretschmer und Wolfgang Fierek („Ein Bayer auf Rügen"). Darin finden sich lobpreisende Reime wie „Der hat Haxn, schee sans gwachsn" oder „Waden fest, und erst der Rest". Sauber.

Kommerzialisierung

Wie die → Medien für alles Böse verantwortlich zu machen. Neue Version der Kollektivschuld. Fußball heute – das ist die „Welt des business und marketing" (Eugen Drewermann).

Konditionstrainer

Fallen im Gegensatz zu den „Konditionswundern" nicht auf. Wirken in der Stille der Aschenbahn. Waren, wenn's hochkommt, wie Kölns Rolf Herings, im früheren Leben deutsche Speerwurfmeister. Bei den Mönchengladbachern freilich wurde einer aus ihrer Mitte, Karl-Heinz Drygalsky, Präsident. Gut bekommen ist denen das nicht.

Kondome

Haben mit Fußball nicht unmittelbar zu tun. Vor langer Zeit erregte der FC Homburg Aufsehen damit, als der Name eines Kondomherstellers seine Leibchen zierte. Das Ommer-Modell. Flensburger Handballer spielten mal für

Beate Uhse. Der Österreicher Ettmayer pflegte in Schuhen zu spielen, die ihm zwei Nummern zu klein waren. Begründung: „Ich wollte immer ein Kondom an den Füßen haben, sonst hast du ja doch kein Gefühl." Heute gibt es (→ Merchandising) auch Kondome mit Vereinswappen zu kaufen, sogar in der Freiburger „Condomeria".

Konferenzschaltung

Fast das Beste, was der Fußball zu bieten hat. Wenn man dem Radioapparat näherrückt, samstags zirka gegen 17.05 Uhr, wenn in den Stadien die letzten, entscheidenden zehn Minuten laufen, wenn der Moderator im Studio endlich Ruhe gibt und fünf oder sechs → Reporter ein unsichtbares, geheimnisvolles Netz über Deutschland spannen, wenn plötzlich aus dem Hintergrund ein „Tor in Duisburg, Tor in Duisburg" schallt, die Rückfrage ertönt: „Tor in Duisburg? Rasch nach Duisburg. Armin Hauffe, was ist passiert?", wenn die Bälle hin und her wechseln, die Minuten verstreichen, die letzte Hoffnung auf den Ausgleich schwindet und eine Stimme nach der anderen meldet: „Schluß in Köln", „Abpfiff am Bökelberg" – dann sinkt man, freudig oder entnervt, in sich zusammen und hat der Woche Krönung erlebt.

Konietzka, „Timo"

Stürmer bei Borussia Dortmund und München 60, dem wir das allererste Bundesligator zu verdanken haben. Passiert am 24. 8. 1963 nach 58 Sekunden im Spiel Bremen gegen Dortmund. Von keiner TV-Kamera erfaßt. Schade.

Konter

Sind im Fußball schnell und bringen eine angreifende Mannschaft (→ Powerplay) schwer in Bedrängnis. Weil hinten keiner mehr ist, man in der „Vorwärtsbewegung" war und plötzlich vier, fünf wieselflinke Gegner über den Platz hetzen, man selber hinterherhechelt – und jählings machen die eben noch in ihrer Hälfte Eingeschnürten ein

Tor. Unglaublich, aber effektvoll. Wer zu kontern versteht, hat gute Karten. Wie im richtigen Leben.

Kopfballungeheuer

Rufname des Mittelstürmers Horst Hrubesch, der mit Brachialgewalt zur Sache ging. Wie unterschiedlich Menschen doch das gleiche Tagewerk verrichten – dem Ungeheuer Hrubesch ließe sich so der Nürnberger Stürmer Franz Brungs entgegenhalten, den man liebevoll „Goldköpfchen" nannte. Dessen Sternstunde war der 2. Dezember 1967, als er beim 7:3-Sieg gegen die Münchner Bayern fünfmal traf – und das, ohne ein einziges Mal sein „Köpfchen" zu Hilfe zu nehmen.

Kreisel, Schalker

Fachausdruck aus der Makrostrukturkiste. Bezeichnet jene vor allem von Fritz Szepan, einem „König unter den Spielmachern" (Sepp Herberger), und Ernst Kuzorra auf Schalke in den dreißiger Jahren entwickelte Kunst des kurzen, flachen Passes, die ein parallel ablaufendes Freilaufen und hohe Fertigkeiten des Dribbelns verlangte. Verwirrte die Gegenspieler restlos. Ja, ja, als wäre das alles gestern gewesen …

KSC 2000

Bald – der Stichtag rückt näher – ist es so weit, dann kann dieses badische Großmachtgerede zu den Akten gelegt werden. Wie bei George Orwells *1984*.

Kunstpausen

Legen manche ein, wenn der Atem kürzer und der Leib fülliger wird. Die Hände in die Seite gestemmt, steht der Überanstrengte dann einfach so herum und guckt den andern zu, wie die sich abrackern. Es gibt Akteure, die den Eindruck erwecken, ihr Spiel sei eine einzige Kunstpause. Kaum Bezug zum → Schönen.

Kurios

Sind den Berichterstattern alle Tore, die irgendwie komisch erzielt werden, also mit Gesäß, Schulterblatt oder Nasenbein, aus fünfzig Metern, links um die Ecke oder nach fünfminütiger Dribbeleinlage, wie es der Frankfurter Jay-Jay Okocha Anno 1993 vormachte. Das damals war fast mehr als kurios.

Kutzop, Reinhard

Bremer Spieler, eigentlich vergessen. Doch war er es nicht, der 1986 Bayern München zum Meister machte, als er im vorentscheidenden Spiel einen Elfer an den Außenpfosten trat? Ja, und hinterher jammerte der Versager: „Das Tor war plötzlich so klein wie eine Streichholzschachtel." Lächerliche Ausreden sind das, setzen, Kutzop!

Kwiatkowski, Heinz

Torwart von Borussia Dortmund, der als tragischer Notnagel in die Geschichte einging. Durfte immer spielen, wenn es um nichts ging, und bekam dann fast immer eins auf die Mütze. So bei der WM '54 im Vorrundenspiel gegen Ungarn (3:8 verloren), so bei der WM '58 im Spiel um den dritten Platz (3:6 verloren). Insgesamt vier Länderspiele mit insgesamt 18 Gegentoren. Macht einen Schnitt von 4,5 Treffern pro Spiel. Gut auch Helmut Ruländer: 92 Bundesligaspielminuten für Werder Bremen = acht Gegentore = alle 10,5 Minuten ein Griff hinter sich.

L

Laktatwert

Laktat, das ist, herhorchen, ein Ester der Milchsäure. In seiner Bedeutung für den Menschen oftmals überschätzt, deshalb rückte Trainer Ottmar Hitzfeld die Dinge zurecht: „Die Mannschaft mit den besten Laktatwerten wird ja nicht unbedingt Meister." Ob die Münchner Bayern das verstanden haben?

Länderspielverhinderung

Gab es eine 1994 in Hamburg, als am 20. April (= Führers Geburtstag) der DFB dort ein Länderspiel austragen wollte. Aufrechte St. Paulianer wußten das zu vereiteln und trugen so dazu bei, „die Verbreitung nationalistischer Inhalte zu verhindern" (Barbara Figge). In Ordnung.

Lattek, Udo

Völlig überschätzter Trainer, der sich mit Vorliebe für seine Erfolge feiern ließ. Betreute meist personell herausragend besetzte Mannschaften, die auch von Vogelscheuchen zur Meisterschaft geführt worden wären. In seinen späten Jahren nur dadurch hervorgetreten, daß er aus Aberglauben (→ Talisman) mit einem geschmacklosen blauen Pullover mehreren Spielen hintereinander beiwohnte. Norbert Blüm wollte ihm einen CDU-Listenplatz bei den Landtagswahlen in Nordrhein-Westfalen zuschustern. Wie Hildegard Lattek, die Gattin, zu berichten weiß, spielte Udo zeitweilig mit dem Gedanken, „nach seinem 60. Geburtstag den Fußball aufzugeben und zu promovieren".

Läuferreihe

Schönes Wort aus Horst Eckels oder Werner Liebrichs Zeiten. Dann kam das Mittelfeld, und selbst das muß jetzt immer schneller überbrückt werden. Die Figur des Läufers kehrte infolgedessen wieder zu ihren Ursprüngen zurück: auf die Aschenbahn, ins Teppichgeschäft und aufs Schachbrett.

Laufpensum

Wenn es nicht viel zu loben gibt, dann wenigstens das „enorme" Laufpensum.

Leere

„Fußball leert den Kopf. Radikal und komplett." (Christoph Biermann) Und hinterher? Wie kommt da wieder was rein? ARTE schauen? Botho Strauß lesen?

Leitsportart

Welche das dem Deutschen sei, darüber machen sich nicht nur quotenbesorgte Fernsehbosse, sondern auch ernsthafte Kulturkritiker Gedanken (→ Böttiger-Schule). 1992 sah Dietrich Schulze-Marmeling den Fußball dem „kraftmeierischen Bumm-Bumm-Tennis als neuer deutscher Leitsportart immer ähnlicher" werden; 1993 nahm Helmut Böttiger diesen Ball freudig auf und machte einen Prozeß aus, „in dem der Fußball als die deutsche Leitsportart von Tennis abgelöst wird", sein Buch *Kein Mann, kein Schuß, kein Tor* als „Hilfeschrei in letzter Minute" verstehend. Wie heute unschwer zu erkennen, war die Halbwertzeit dieser düsteren Prognosen minimal. Der Fußball ist, wenn auch vielleicht nicht in der vom Kulturpessimismus bevorzugten Form, lebendiger denn je, und wenn Steffi Graf und Boris Becker sich in Bälde aufs Altenteil zurückziehen, wollen wir mal sehen, was aus dieser „Leitsportart" wird. Anke Huber und David Prinosil statt Sammer und Wosz?

Leitwölfe

„Dirigenten", „Regisseure", „echte Kerle" „Spielerpersönlichkeiten", die, meist im zentralen Mittelfeld oder auf der Liberoposition angesiedelt, dem Saurudel sagen, wo's langgeht. Waren schon 1962 (Sepp Herberger: „Was in Deutschland am meisten fehlt, sind Spielerpersönlichkeiten") knapp und gibt es heute, wie in Politik, Literatur und Metaphysik, noch seltener. Vielleicht eine bedauerliche Folge der sozialdemokratisch-sozialistischen Gleichmacherei unter Willy Brandt und insbesondere Helmut Schmidt.

Lesen

Kann man neuerdings nicht nur Bücher und Zeitungen, sondern auch Spiele, in Sachen Taktik und so. Reportergesabbel.

Letschkov, Yordan

Der Bulgare, dessen Kopf das deutsche WM-Engagement '94 beendete. 2:1. Und nicht einmal zu Unrecht.

Leverkusen, Bayer

Möchte seit Jahr und Tag mit Hilfe der vielen Aspirin-Knete endlich groß rauskommen. Gibt es Fans dieser Mannschaft? Ja, es gibt welche, den BAP-Gitarristen Klaus Heuser etwa oder Ulrich Janetzki, den Leiter des Literarischen Colloquiums in Berlin. Wie kommen Menschen zu solchen Neigungen?

Libero

Das ist, wie es das italienische Wort lehrt, der „freie Mann", der elegant, mit Überblick und ohne „direkten" Gegenspieler die Abwehr zusammenhält und es dennoch fertigbringt, sich nutzbringend in den Angriff einzuschalten. Heute, in Zeiten der → Viererkette, ist der Libero in seiner Existenz gefährdet, vielleicht gibt es ihn bald gar nicht mehr. Seine deutsche Verkörperung heißt Franz → Beckenbauer (seine italienische Franco Baresi); bis heute werden alle Nachfolgelösungen an ihm gemessen. Und was hat es für primitive Versuche gegeben, den Liberoposten in der Post-Beckenbauer-Ära zu besetzen: Hörster, Augenthaler (!), Strack, Herget, Berthold, Binz, Buchwald, Helmer, Matthäus ... zufriedenstellen konnte das niemanden. Beckenbauer erkannte, en passant bemerkt, auch die symbolische Tragweite seiner Position: „Auch im Leben ist Libero eine schöne Rolle." Im Kino war er 1973 in dem Film *Libero* zu sehen, an der Seite von Klaus „Peter Strohm" Löwitsch und Harald Leipnitz. Für das Buch zeichneten Wiegbert Wicker und, immerhin, Bernt Engelmann verantwortlich; freigegeben war das heute in Vergessenheit geratene cineastische Werk ab 6 Jahren. Gezielte Nachwuchsförderung fängt früh an.

Links

Ist der Fußball, wenn ihn Gullit, Ippig, Best, Lienen, Netzer, Menotti, die Nationalelf Kameruns, die Bunten Ligen und alle Freiburger spielen. Ganz und gar links geht es auf St. Pauli zu, wie die Autorin Sibylle Berg berichtet: „In dem kleinen Stadion in Hamburg sind auch wirklich viele Brillenträger, und vermummte Autonome sitzen echt nett in den Bäumen und lesen Bücher über den ökologischen Bau von Molotowcocktails." Allgemeiner formuliert sind die Kriterien „linken" Fußballs nach Dietrich Schulze-Marmeling folgende: „*Engagement* (als Demonstration von Zuschauernähe und damit das Publikum auf seine Kosten kommt), *Fairneß* gegenüber Mit- und Gegenspieler (im Sinne der Vermeidung von Brutalität; Härte wohnt dem Spiel von Natur aus inne und gehört folglich dazu), *offensives Spiel nach vorne* statt defensivem Taktizismus, ein *kollektiver Spielstil*, der aber individuellen Entwicklungen und Eigenarten auf dem Spielfeld freien Lauf läßt." Auch Gerhard Schröder, SPD Niedersachsen, formuliert sehr gediegen: „Daß bisweilen Haß gegen den Gegner aufkommt, widert mich an. Und mich ängstigt, daß die überragende Leistung des Gegners nur selten gewürdigt wird." Ein prima Regierungsprogramm. Als Trainer einer solchen Truppe stellen wir uns Witta Pohl, Ingrid Biedenkopf, Antje Vollmer oder Peter Härtling vor.

Live

Liebe Kollegen aus den „Printmedien", wollt ihr euch ein für allemal merken, daß man Live- und nicht Life-Übertragung schreibt? Und daß wir auch in einem Satz wie „Das Spiel wird heute abend von der ARD live übertragen" niemals mehr „life" lesen wollen, ja? Immer „live" mit Vogel-V, verstanden?

Lord

Mit diesem Beinamen schmückte man den niederländischen Trainer Georg Kessler, der auch mal bei Hertha BSC und in Köln sein Glück versuchte. Großen Eindruck hat er nicht hinterlassen, deshalb assoziieren wir still vor uns hin und denken an Heinz Erhardts verschmitzte Liedzeilen „Fährt der alte Lord fort, / fährt er nur im Ford fort." Sitzen die Ford-Werke nicht auch in Köln?

Loris

Ein Jugendpseudonym des Dichters Hugo von Hofmannsthal, als er ob seines zarten Alters nicht unter seinem richtigen Namen publizieren durfte. Wie Hofmannsthal auf „Loris" kam, ist trotz vehementer Anstrengung der zuständigen germanistischen Forschung nicht abschließend geklärt. Loris-Melikow war ein russischer General, und irgendwie klingt das Pseudonym nach Novalis und das wiederum sehr nach Romantik, Sanftheit der Jugend undsofort. Das dritte Kind von Lothar → Matthäus heißt auch so. Weshalb? Wir wissen es nicht; die Biographin Doris Henkel hält sich gleichfalls zurück: „Die Eltern Lolita und Lothar nannten den Knaben Loris." Die ersten beiden hören auf die Namen Alisa und Viola; zu letzterem fällt uns Theodor Storms Erzählung *Viola tricolor* ein, was wiederum „Stiefmütterchen" bedeutet …

Lovers' Lane

Hieß Günter Netzers Diskothek in der Mönchengladbacher Altstadt. In deren (dessen?) Glanzzeiten reisten sogar Düsseldorfer an.

Löw, Joachim

Trainer des VfB Stuttgart. „Yogi" gerufen. Nie war einer so beliebt wie er. Kurze Zeit wenigstens. Daran könnte sich Egon → Coordes ein Beispiel nehmen.

Löwen

Der TSV München von 1860. Mein Verein, seit über dreißig Jahren. Was man liebt, gehört nicht zerredet.

Lupenrein

Findet dieses Adjektiv im Deutschen auch außerhalb der Fügung „lupenreiner Hattrick" Verwendung? Ein „lupenreines" Fußballbuch, oder so?

M

Magisches Dreieck

Kurzfristiges Wundergefüge, mit dem die Herren Balakow, Elber und Bobic die Stuttgarter Enge weiteten. Als „magisches Viereck" wurde ein erfolgreiches Spielsystem in den dreißiger Jahren bezeichnet. Hätten Sie's gewußt?

Manager

Das unumgängliche Übel. Genießen ein Image wie Robbenschänder, Jürgen Möllemann, Spielervermittler oder Else Kling. Man denke an Rudi Assauer („Profifußball ist ein Hurengeschäft"), Rolf Rüßmann, Uli → Hoeneß. Nur Reiner Calmund, Bayer Leverkusen, ist dick und freundlich.

Manndeckung

Hautnahes Abwehrverhalten. Wer manngedeckt wird, hat's ungeheuer schwer. Wer manndeckt, gehört meist nicht zur Crème de la crème des Fußballs: „Ich brauche keine Manndecker, ich brauche Fußballer" (Rolf Fringer). Dem Begriff des Deckens haftet in diesem Zusammenhang ohnehin etwas Dubios-Unschönes an.

Männerfreundschaft

Was mit Helmut Kohl und Franz Josef Strauß begann, gibt es auch auf dem grünen Rasen. Man denke an Jürgen

Flimm, den Theaterindentanten, und Otto Rehhagel, den braven → Fußballehrer. Der Mann der Bühne erinnert sich: „Wir kennen uns seit 16 Jahren und sind immer gut miteinander umgegangen. Wir treffen uns, gehen spazieren. Das ist für mich sehr erholsam. Man kommt so von dem ganzen Kunstgebaren runter und diesen Attitüden unseres Betriebes und geht dann durch die Kälte mit einem, der ganz andere Sachen in der Birne hat“; → Leere.

Männerfußball

Hat einen Eintrag, weil es auch einen gibt, der „Frauenfußball“ heißt. Befahl der Männerbeauftragte der IG Medien.

Mann gegen Mann

Wird anders als im Western in Zeiten des gedeckten Raums immer seltener gespielt. Dieter Pudenz, Redakteur beim Südwestfunk Baden-Baden, notierte zu Recht: „Goethe hilft im Zweikampf nur bedingt weiter.“

Martikke, Sigmar

Obmann der Schiedsrichtergruppe Heilbronn. Gelangte als Pfeifender bis in die Oberliga Baden-Württemberg. Guter Mann; leichte Gewichtsprobleme im fortgeschrittenen Alter. Wurde in Backnang einmal von einem Spieler zu Boden gestreckt; „Bild“ berichtete darüber.

Matthäus, Lothar

American-Express-Mitglied seit 1984. Deutscher Rekordnationalspieler, was für beide Seiten eine gewisse Tragik darstellt. Daß einer wie er dazu avancieren konnte, zeugt vom Durchschnittlichen, das den Fußball der Achtziger prägte. Obschon nicht zum bedeutenden Spielgestalter bestimmt, wurde er lange Zeit als solcher gehandelt, was zu Verstimmungen und Enttäuschungen hier wie dort führte. Matthäus' Stärken: Offensivkraft, Dynamik, Energie, Einsatzwillen. Prächtig: Sein Tor des Jahres am 21. 11. 1992, als er nach vielen Monaten Verletzung erstmals wieder traf,

volley in den Winkel nach einer Scholl-Ecke. Sein Unglück bestand darin, sich selbst als Kapitän und → Leitwolf jahrelang zu überfordern, keinem Mikrophon auszuweichen und sich gleichzeitig in läppischen Virilitätsposen (1990: „Ich bin gerne Mann"; 1997: „Ich bin zur Zeit ein zufriedener Mann") zu gefallen. Daher all der Hohn und all der Spott, der sich über ihn ergoß, und die mäßige Liebe, die ihm entgegengebracht wird: „Er ist wie der Fußball selbst: viel getreten, dauernd rumgeschoben, und niemand spricht mit ihm." (Roger Willemsen)
An Peinlichkeiten mangelt es im Leben des Herzogenaurachers folglich nicht. Ob er vor Berliner Basketballerinnen das Geschlechtsteil seines Kollegen → Valencia preist, ob er am Biertisch nationalistische Töne von sich gibt, ob er sich mit dem Götterliebling Klinsmann anlegt, ob er sich selbst als Bundestrainer fürs 21. Jahrhundert empfiehlt oder ob er als einziger über sein Comeback in der Nationalelf nachsinnt – Lothar Matthäus' Auftreten vor und nach dem Spiel machten es unmöglich, ihn als großen Fußballer ernst zu nehmen. Und dazu die Mädels, die ihm kein dauerhaftes Glück brachten. Erstfrau Silvia – „Am liebsten mag ich seinen kleinen festen Po. Sex ist der Spiegel der Beziehung. Bei uns macht Sex 30% aus" – gebar ihm zwei Kinder, doch dann kamen 1990 Lolita Morena, ein Schweizer TV-Sternchen, eine „polyglotte, temperamentvolle Frau" (Doris Henkel), und das gemeinsame Kind → Loris. Unbekümmert, wie unser Rekordnationalspieler nun einmal daherredet („Aber ich stehe zu dem, was ich gesagt habe"), gab er das passende „Statement" ab: „Ich glaube, daß ich mit Lolita das gefunden habe, wonach ich mich immer gesehnt habe. Klar, man weiß nie, was in zehn Jahren sein wird, aber von dieser Beziehung kann ich mir vorstellen, daß sie auch den Rest des Lebens übersteht." Zehn Jahre? Keine Rede: 1996 zog sich Lolita wieder hinter die Schweizer Berge zurück und ließ einen dem ungeliebten Altenteil entgegensehenden Lothar zurück. Warum? Das wissen wir nicht, und es interessiert auch nicht sonderlich. Das letzte Wort hat Silvia

Neid, Vorzeigeaktrice des Frauenfußballs, die – des journalistischen Vergleichs „Lotta Matthäus“ überdrüssig – klarstellte: „Ich bin kein Matthäus, dazu fehlen an meinem Körper die entscheidenden fünf Gramm.“

Mauer

Sie stellt sich tapfer dem gefahrverheißenden Freistoß entgegen. Die in der Mauer Stehenden schützen verängstigt ihr Empfindlichstes, lassen sich vom wild auf der Linie hampelnden Torwart anschreien („links, links, mehr links“), vom nervös auf Abstand, neunmeterfünfzehn!, bedachten Schiedsrichter herumkommandieren und schauen in der Folge betreten zu, wie die „Freistoßspezialisten“ Häßler, Panenka, Stoitchkov, Basler, Detari, Prohaska, Cardoso oder Möller sie brüskieren und den Ball virtuos an der mal wieder völlig falsch postierten Mauer herumzirkeln. Mit José Emilio Santamaria von Real Madrid, den sie „Die Wand“ nannten, wäre das vielleicht nicht passiert.

Maus, graue

Früher, das war klar, konnte damit nur der VfL Bochum (→ Unabsteigbar) gemeint sein. Heute herrscht Unsicherheit: Duisburg (immer noch), Düsseldorf (sowieso), Bremen (schon wieder)? Lektüretip: Eva Wlodarek, *Mich übersieht keiner mehr. Größere Ausstrahlung gewinnen* (1997).

Maxime

Ist in Immanuel Kants praktischer Philosophie das „subjektive Prinzip des Wollens“. Torwart Toni Schumacher hat das sofort verstanden: „Meine Maxime heißt: den Ball halten.“

Mayer, Carl

Schwäbischer Apothekenmöbelfabrikant, der in den zwanziger Jahren die ersten Figuren für das Tischfußballspiel TIPP-KICK entwickelte. Der Schwenninger Exportkaufmann Edwin Mieg sorgte dann für den Vertrieb des Spiels.

Gedankt sei beiden Herren für beglückende Stunden der Kindheit.

Mayer-Vorfelder, Gerhard

Auch so ein Typ zum Knuddeln. Rechtsaußenzögling („Mayer-Vorderlader") des Marinerichters und baden-württembergischen Landesvaters Hans Karl Filbinger, Präsident des VfB Stuttgart, Ligaausschuß-Vorsitzender, Kultus-, dann Finanzminister. (Freunde des Schlüsselromans lesen Manfred Zach, *Monrepos oder die Kälte der Macht*, 1996.) Möchte vermutlich irgendwann → DFB-Präsident werden, als Krönung seines Lebenswerkes gewissermaßen. Altersmäßig (Jahrgang '33) bringt er hierfür beste Voraussetzungen mit.

Medien

Sind im Zweifelsfall an allem schuld. An der Niveaulosigkeit unserer Kultur. An der Verrohung der Sitten. Am sauertöpfischen Gesicht Otto Rehhagels. An der Gewaltbereitschaft unserer Kinder. Am Siechtum der britischen Monarchie. An Gaby Papenburg.

Merchandising

Hieß früher Marketing und bedeutet „verkaufsfördernde Maßnahmen". Der Fußball hat lange gebraucht, bis er diese „Marktlücke" entdeckte. Dann aber legten die Verantwortlichen los, und jetzt gibt's alles – Duschgel, Schlafanzüge, Mousepads, Biergläser, Heftpflaster – mit Vereinsemblemen zu kaufen. Bringt mordsmäßig Geld.

Merkel, Max

Österreichischer Zampano des Trainerwesens. Meisterschaften in den sechziger Jahren mit Nürnberg und München 60. Danach zunehmende Erfolglosigkeit und Heilsuche im journalistischen Metier. Trotz gelegentlich pointierter Sprüche gilt aufs Ganze gesehen die Beobachtung seines Kollegen Benno Möhlmann: „Viele alte Leute haben das Glück, körperlich und geistig gesund Ratschläge und Erkenntnisse weitergeben zu können. Herr Merkel gehört leider nicht dazu. Ihm ist aber zu wünschen, daß er wenigstens körperlich unversehrt bleibt."

Mitsubishi

Japanischer Automobilhersteller, für den Franz Beckenbauer zeitweilig warb. Das von ihm für TV-Spots abverlangte Aussprechen des Produktnamens „Mitsubishi Pajero" erwies sich als Überforderung. Da nuschelte und zischte es nur so; jetzt steht der Franz wie seine Bayern bei Opel unter Vertrag. Damit kommt er zurecht, das bringt er klar rüber, und der Pajero wurde umgehend zum beliebtesten Geländewagen in Deutschland.

Mönchengladbach, VfL Borussia

Ein Verein, der bis heute vom Glanz vergangener Tage lebt. Damals, Ende der Sechziger, Anfang der Siebziger, unter Trainer Weisweiler spielten die Netzers, Laumens und Rupps frisch und fröhlich auf, boten auch in weltanschaulicher Hinsicht dem FC Bayern Paroli. Doch aus jungen „Fohlen" werden betagte Pferde, und manchmal scheint es, als ob die Gladbacher nur noch das Gnadenbrot der Bundesliga abbekämen. Bis der Abstieg sie von der Weide führt. Dann gilt: „Vergangen, vergessen, vorüber" (Freddy Quinn).

Morlock, Max

Nürnberger Fußballidol. Halbrechter, der mit dem Anschlußtreffer im WM-Endspiel '54 die Ungarn nervös machte. Vom sympathischen, nimmermüden Sportsmann Morlock konnte der englische Schriftsteller H.G. Wells nichts wissen, als er 1895 seinen Roman *Die Zeitmaschine* vorlegte. Dessen Held findet im London des Jahres 802701 unterirdische Machthaber vor, sehschwache Höhlenmenschen, die nach seinem Leben trachten. Wells nannte diese Spezies „Morlocks".

Mos, Aad de

Kam 1995 zu Werder Bremen als Trainer. Wurde von keinem verstanden und bald entlassen. Aus den Augen, aus dem Sinn.

Müller, Gerd

Der Bomber der Nation. Stellte in den Siebzigern unerreichte Rekorde auf; 1970 etwa wurde er mit 40 Saisontreffern Torschützenkönig der Bundesliga. Keiner drehte und streckte sein Gesäß so wendig und effektiv. Fand später nach Irrungen und Wirrungen Unterkommen im Trainerstab von Bayern München, wo es auf einen Angestellten mehr oder weniger nicht ankommt.

Mütze

Zweifach relevant: 1) Als „Mann mit der Mütze“, die eine Art Datschkappe war, ging der grundanständige (→ tadellos) Bundestrainer Helmut Schön in unser Gedächtnis ein. Udo Jürgens hat das besungen, aber nicht eindrücklich. 2) Der Ausdruck „den [Ball] hätte ich mit der Mütze gefangen“ meint die Gewißheit des Zuschauers, daß der Schuß, den die Niete von Torwart (→ Pannen-Olli) durch die Beine rutschen ließ, leicht, eben mit einer Mütze, abzuwehren gewesen wäre. Klassischer Fall von „Hosenträger“.

N

Nachtreten

Üble Sache wie Nachkarten, Nachschlagen, Nachbarn. Wer nachtritt, muß abtreten.

Nebensache

Die schönste der Welt sei der Fußball, sagte man früher. Ächz, stöhn, gähn. Hauptsache, wir gewinnen.

Nettospielzeit

Erst in jüngerer Zeit unternommener Versuch, mit der Mär von den neunzig Minuten, die ein Spiel dauere, aufzuräumen und allein die „effektive“ Zeit zu messen, während derer der Ball „wirklich“ rollt. Weiterhelfen tut das nicht.

Netzer, Günter

Mittelfeldspieler. 230 Bundesligaspiele für Borussia Mönchengladbach, später bei Real Madrid und Grasshoppers Zürich. Eine Ikone für intellektuell veranlagte Fußballfreunde. Gilt heute als Symbolfigur der kulturellen 68er Revolution, mit dem Aufbegehren von Rudi Dutschke, Rainer Langhans und Daniel Cohn-Bendit unmittelbar in Zusammenhang stehend. Wer damals etwas auf sich hielt, schwärmte für den Gladbacher Lenker und Denker – und keinesfalls etwa für den angepaßten Kölner Opponenten Wolfgang → Overath. (Nicht so jedoch Sepp Herberger: „Was spielt Netzer in Madrid? Der Günter verschleppt das Tempo und gibt den Deckungsspielern immer wieder Gelegenheit, sich neu zu formieren.“) Netzers unverwüstliches Image besteht aus wenigen Bausteinen: langes, wehendes Haar (das ihm den Locknamen „et Helga“ einbrachte), Schuhgröße 47, Sportwagen, Diskothekenbesitzer, die schwarzgewandete Freundin Hannelore Girrulat, die → Selbsteinwechslung, der Europameisterschaftssieg 1972 mit dem 3:1-Halbfinalsieg im Wembley-Stadion, die Vater-Sohn-Konflikte mit Hennes Weisweiler oder Helmut Schön, die Tiefe des Raumes (→ Bohrer, Karl Heinz), sein Wasserträger Herbert „Hacki“ Wimmer.

Die Chancen des Individuums, zum Mythos zu werden, sind besonders groß, wenn die Biographie nicht gänzlich von Makellosigkeit beherrscht ist. So bei Netzer, im Gegensatz zu Beckenbauer. Von wenigen Ausnahmen abgesehen, reüssierte er in der Nationalmannschaft nicht, brachte es lediglich auf 37 Länderspiele und bei Weltmeisterschaften gar nur auf einen 20-Minuten-Einsatz (ausgerechnet 1974 gegen die DDR, → Sparwasser, Jürgen). Netzer war stets ein Leidender, von Gegenspielern Geschubster und Getretener, ein Lamentierender, dem das potentielle Scheitern ins Gesicht geschrieben stand. Die Mythenbildung liebt diese Form des fragilen Erfolges. Den heutigen linksintellektuellen Netzer-Verehrern dient der Meister dazu, sich wehmütig an Willy Brandt, Uschi Obermaier, an Mehr-Demokratie-Wagen oder Woodstock zu erinnern. „Jeder Weg hat mal ein Ende, jedes Glas bricht mal entzwei", sang die lebenskluge Marianne Rosenberg (auch ein Mythos) 1972, als Netzer und Deutschland sich einen Augenblick lang die versöhnten Hände reichten. Länger währte das Glück nicht. Netzer dient heute als Sprungbrett in die Vergangenheit, verleitet zu einer Besinnlichkeit, die die Schmerzgrenze mitunter streift. So lesen wir in Helmut Böttigers „autorisierter" Biographie *Günter Netzer – Manager und Rebell* (1994) die ergreifende Stelle, als sich Artist und Exeget erstmals begegneten: „Das Flugzeug ist gelandet, und Netzer kommt durch die Schranke. Wir haben wenig Zeit für unser erstes Gespräch. Schon mit den ersten Schritten gibt Netzer das Tempo vor: entspannt, gelassen, wie bei einem Strandspaziergang." Apropos „Strandspaziergang": Im gleichnamigen Kapitel des Thomas-Mann-Romans *Der Zauberberg* lesen wir den bedenkenswerten Satz: „Die Zeit, sei ihr subjektives Erlebnis auch abgeschwächt oder aufgehoben, hat sachliche Wirklichkeit, sofern sie tätig ist, sofern sie ‚zeitigt'." Ja, ja, auch ein Netzer bleibt nicht ewig jung, nur die schäumenden Träume von ihm und seinen das Unendliche öffnenden Pässen. Und davon, wie er sich beim Freistoß vor den Ball niederkniete, ihn sanft streichelte und behutsam umfaßte, bis das rauhe Leder und der flaumige Rasen zu verschmelzen, eins zu werden schienen und die Sonne des Bökelbergs einen goldenen Schimmer in Günters Haar legte …

Neumann, Charly

Übergewichtiges Schalker Maskottchen für alles und nichts. Gilt als „Unikum". Überflüssige Gestalt.

Nickeligkeiten

Wenn diese sich einschleichen, ist die Vorstufe der Unsportlichkeiten, der gemeinen Fouls erreicht. Als nickelig gelten zum Beispiel: bißchen rempeln, verhalten pöbeln, den Ball wegschlagen, motzen. Im Büro heißt das Mobbing.

Niederlagen

Schmerzen, vor allem, wenn sie „empfindlich“ sind, und wirken nach. Gyula Grosics, Torwart der ungarischen Nationalelf, die Anno ’54 gegen Deutschland verlor, litt auch knapp vierzig Jahre später unter den Risiken und Nebenwirkungen: „Das 2:3 von Bern tut immer noch weh. Oft wache ich deswegen in der Nacht auf.“ Oder es liegt an der Reizblase.

Nikosia

Sozusagen das → Albanien unter den Städten. Auf Zypern gelegen, wo der Fußball auch nicht erfunden wurde, man aber am 23.11.1968 in einem WM-Qualifikationsspiel der deutschen Nationalelf erbitterten, ja, unverständlichen Widerstand leistete und sich gerade mal mit 0:1 beugte. San Marino, Liechtenstein, Elfenbeinküste, Andorra, alle wollen sie mitspielen, das kann zu keinem guten Ende führen.

Norbert & die Feiglinge

Gesangsgruppe, der das beeindruckend dichte Lied *Bayern hat verloren* zu danken ist.

Nordkurve

Ordentlicher Fußballfilm von Adolf Winkelmann. Drehbuch und Roman stammen von Michael Klaus, der letzteren mit eindrucksvoller Szene (Geschlechtsakt auf Stuhl) beginnen läßt. Der Mann, Stürmer, ist leider nicht recht bei der Sache: „Und Clemens machte die Augen zu und dachte wieder an seinen Alleingang. Der würde ganz sicher kommen … Er sah es vor sich, wie er, gerade achtzehn Jahre alt und eben erst eingewechselt, sofort drei Mann naßmachte [!]. Und den Torwart. Er an der Auslinie, und dann der Ball sanft gezirkelt ins lange Eck ... ‚Noch mal! Ja!' stöhnte Uschi." Siehe auch → Sex.

Norweger

Nettes Völkchen aus Skandinavien, das vor allem durch den ruhenden Bremer Pol Rune Bratseth und seine erfolgreiche Frauennationalmannschaft auffiel. Und beim Olympischen Turnier 1936, als Adolf Hitler erstmals einem Fußballspiel beiwohnte und zu seiner Verbitterung die deutsche Mannschaft von Reichstrainer Nerz am kleinen Norwegen mit 0:2 scheitern sah. Gut gemacht, ihr alten Wikinger.

Notbremse

Unmißverständlich. Ein Stürmer bricht durch, ein Verteidiger, der „letzte Mann", ist unangenehm berührt und legt den Kollegen flach. Sei es mit der Sense oder per → Textilvergehen. Im Anschluß darf der Sünder sich das Spiel von draußen ansehen.

Nuber, Hermann

Metzgermeister. Der Stopper schlechthin. Spielte für die → Offenbacher Kickers. Eine Nuber-Büste ist hinter der Haupttribüne in Offenbach zu bewundern.

Nurejew, Rudolf

Berühmter Tänzer, der – nachzulesen in Franz Beckenbauers autobiographischer Schrift *Ich. Wie es wirklich war* – im Fond einer Limousine seine Hand auf das Knie des Kaisers legte. Nichts passiert und nichts für ungut, so der Belästigte: „Wir sind gute Freunde geblieben."

Nutella

Bei jung und alt geschätzter kalorienreicher Brotaufstrich, den Horst Heldt (FC Köln, München 60) ins Gespräch brachte. Auf die Frage, woran er glaube, antwortete der wendige Mittelfeldspieler: „An die fünf lebenswichtigen Bausteine in Nutella".

O

Offenbacher Kickers

Dank ihrem Präsidenten, dem Orangenhändler Canellas, in den Bestechungsskandal Anfang der Siebziger verstrickt. Die Mannschaft erholte sich davon nie wieder. Übelmeinende skandieren: „Sprung in der Schüssel, Loch im Dach – das ist Kickers Offenbach." Canellas saß 1977 im Lufthansa-Flugzeug, das von Terroristen nach Mogadischu entführt wurde. Ausgleichende Gerechtigkeit?

Ominös

Adjektiv, das die Sprache des Sports nur als „ominösen Punkt" kennt, was die Elfmetermarke bedeutet. Andere Verwendungen wie ominöse Tribüne, ominöser Eckball, ominöses Unentschieden sind samt und sonders unstatthaft.

Opium des Volkes

War, als Marx noch etwas zu sagen hatte, die → Religion. Heute hat der Fußball diese Rolle übernommen. Er ist „Lebensfreude" (DFB-Präsident Egidius Braun) und ein „Stern am Himmel des grauen Alltags" (Ministerin Angela Merkel).

Ordinalzahlen

Nennt man Zahlen, die Ordnung schaffen und Reihenfolgen festlegen. Folglich war in zivilisierten Kreisen bislang von der *ersten* oder *zweiten* Halbzeit die Rede. So wie es sich gehört. Unsere Freunde aus den Kreativabteilungen von SAT.1 oder RTL haben irgendwann, beim dritten Glas Prosecco, beschlossen, davon abzugehen, und reden nun munter von „Halbzeit *eins*" und „Halbzeit *zwei*" oder gar von „Bundesliga *eins*" und „Bundesliga *zwei*". Wir revanchieren uns (→ Nachtreten) und reden fürderhin nur noch vom *ersten* SAT.

Orgasmus

Nicht selten als Synonym für den Torerfolg aufgefaßt, was erhärtet, daß die Entstehung des Fußballs mit Fruchtbarkeitsfeierlichkeiten zusammenhängt. Gelehrige Untersuchungen haben gezeigt, daß das für alle bedeutsamen Feste gilt; das hat mit Dionysos und Parmenides („Aber da das Seiende eine letzte Grenze hat, so ist es doch nach allen Seiten hin vollendet, gleich der Masse einer wohlgerundeten Kugel") zu tun, liegt lange zurück und kann hier nicht minutiös erörtert werden. So verschüttet diese Ursprünge auch sein mögen, der Anblick eines Fußballspieles fördert sie sofort zutage.

Über den Orgasmus wird erst seit der sexuellen Revolution, seit Oswalt Kolle („Deine Frau – das unbekannte Wesen") und Daliah Lavi („Oh, wann kommst du") offenherzig geredet. Auch im Stadion. Die Sache selbst ist recht einfach: Der erfolgreiche Torschuß – wenn der Stürmer nicht lange „fummelt" und den Ball „reinmacht" – gilt als Ejakulation. Wohlgemerkt: Er *ist* es, und nicht nur eine symbolische Scheinhandlung. Die Zitate, die dies untermauern, sind bekannt: „Der Druck entlädt sich beim Torschuß ... ein Wahnsinns-Feeling. So ähnlich wie beim → Sex" (Jürgen Klinsmann) – „Es ist wie bei der Liebe. Was vorher ist, kann auch sehr schön sein, aber es ist nur Händchenhalten. Der Ball muß hinein" (Max Merkel) – „Ein spannendes Fußballspiel ist doch schöner als ein Orgasmus" (Christoph Daum). Um so frustrierender folglich ein Match, das den Höhepunkt verweigert; das torlose Unentschieden trägt den „Charakter eines sexuellen Versprechens ohne Erfüllung" (Christoph Bausenwein).

Örhult

Schwedische Landgemeinde in Per Wahlöös Kriminalroman *Foul Play*. Dort findet ein prächtiges Spiel statt, das 7:8

endet und herrliche Kampfszenen mit Pferdeäpfeln, hysterischen Frauen und anderen Unsportlichkeiten liefert, wie geschaffen für die Bevölkerung in einer an Attraktionen armen Provinz. Der überforderte Schiedsrichter versucht vergeblich, für Ruhe und Ordnung in Örhult zu sorgen: „Das hier ist ein Sportplatz, und der Schiedsrichter bin ich. Ich bitte Sie, den Platz zu verlassen." Große Literatur. In der deutschen Ausgabe über 70000mal verkauft.

Originale

Sind, so sagen alle, seit Manfred Burgsmüller, Wolfram Wuttke und „Ente" Lippens ausgestorben. Wie in der Politik und im Taxigewerbe (Berlin ausgenommen). Schluß mit lustig. Statt dessen: Stromlinientypen und verweichlichte Jungunternehmer.

Otze

Beiname des Stürmers Frank Ordenewitz, geprägt in einer Zeit, als das → i noch nicht modern war („Otzi" klänge ja auch lächerlich, fast wie „Ötzi"). In die Ewigkeit geht er nur als Bestandteil der Aufforderung „Mach et, Otze!" ein. Damit trug ihm sein Trainer Erich Rutemöller, ein Glückloser seines Metiers, an, eine Rote Karte zu provozieren, um im entscheidenden Spiel wieder zur Verfügung zu stehen. Otze machte es, und es klappte. Dummerweise verriet die „ehrliche Haut" Rutemöller hinterher das abgekartete Manöver. Charakterlich war die Aktion nicht einwandfrei, aber verständlich. Und noch ein Dokument der Rezeption: Meister der Bunten Liga Köln wurde 1992 die Mannschaft „Otze mach et" dank eines 4:1-Finalsieges über die „Sprit Connection".

Overath, Wolfgang

Guter Mittelfeldspieler vom 1. FC Köln. Leidet im nachhinein unter dem Glorienschein, der seinen Kontrahenten → Netzer umgibt. Während die Nachwelt diesem Kränze flicht, bleibt von Overath zuwenig. Ein Bild vielleicht: die

Sohle auf dem Ball, nach links und rechts blickend, „in der ihm eigenen barocken Art“ (Hartmut Esser), das war der Spielgestalter Overath. Zum Trost: Von den meisten anderen bleibt rein gar nichts.

P

Pannen-Olli

Soll man zu Bremens Torwart Oliver Reck nicht mehr sagen. Weil er so gereift ist, sehr schwierige Schüsse hält und sogar als dritter Mann zur Europameisterschaft '96 mitdurfte. Schön dennoch diese Anekdote: „Otto Rehhagels Sohn wird getauft. Alle Bremer Spieler sind gekommen. Doch dem Pfarrer passiert ein Mißgeschick. Das Kind rutscht ihm aus den Händen. Oliver Reck ist es, der geistesgegenwärtig und reaktionsschnell zum Altar hechtet und Rehhagels Jüngsten noch rechtzeitig auffängt. Die Gäste atmen auf und klatschen begeistert Beifall. Reck lächelt geschmeichelt, tippt zweimal auf und schlägt ab.“

Paradies

Dem Romancier Marcel Proust zufolge sind die „wahren Paradiese“ stets die, „die man verloren hat“ – eine Lebensweisheit, die auch in der Betrachtung des Fußballs gültig ist. Denn: Früher war nicht nur „alles ganz anderscht gsi“ (Urs Widmer), nein, früher wurde stets besser und schöner gespielt. Die Schüsse waren härter, die Tricks ausgefeilter, die Spieler intelligenter, und „ran“ gab es auch noch nicht. Wann genau die Zeit der paradiesischen Zustände anzusetzen ist, bleibt umstritten. Der Soziologe Dietrich Schulze-Marmeling, Jahrgang '56, ist sich sicher: „Die späten 60er/frühen 70er Jahre waren zweifelsohne die schönsten Jahre des Fußballs“, der Theaterkritiker Benjamin Henrichs, Jahrgang '46, ist sich auch ganz sicher: „Als alles anfing, kurz nach dem Krieg, war alles natürlich am schönsten“, und der Schriftsteller Ota Filip, Jahrgang '30, geht auf der Zeitschiene noch weiter zurück: „Alle, die den F.C. Schlesisch Ostrau noch zu seiner ruhmreichen Zeit spielen sahen, werden bestätigen, daß es heutzutage keinen richtigen Fußball mehr gibt, sondern alles nur auf ein rohes Holzen hinausläuft." Ganz anders und der → Böttiger-Schule damit widerstreitend sieht dies der Publizist Dirk Schümer, Jahrgang '62: „In Wirklichkeit war der deutsche Fußball niemals besser als heute." Wer durchschaut dieses Durcheinander der Meinungen? Doch lassen wir diesen Eintrag versöhnlich ausklingen, mit den Worten des Münchner Lokaldichters Sepp Mauder:

> Früher in der alten Zeit
> war der Sport noch nicht soweit,
> damals mußt' man sich noch plagen,
> Stangen, Latten, Sägleim tragen.
> Schafmist z'samklaub'n, Platz markieren,
> keiner tat sich da genieren.

Pärchen

Bilden sich, sobald das Spiel angepfiffen wird. Reporter versuchen blitzschnell, diese auszumachen. Neunzig Minuten lang gilt Heidi Brühls Motto „Wir wollen niemals auseinandergehn". Im Zeitalter von Lebensabschnittspartnerschaften keine geringe Spanne. Heidi Brühl allerdings ist schon tot.

Paß, tödlicher

Erlegt das dämliche Verteidigerwild in Sekundenschnelle. Wird aus dem Fußgelenk geschlagen, mindestens über 40 Meter hinweg, eher flach denn hoch, in die hohle Gasse hinein, wo der Raum unheimlich tief ist. Eine Art Offenbarung, die die Abwehrreihen teilt „wie den Pfirsich mit dem Obstmesser" (Ludger Schulze). Meister dieser Kunst waren beispielsweise Wolfgang Overath, Günter Netzer und Uwe Bein. Auch Mario Basler, von dem folgender Dialog mit einem Interviewer überliefert ist: „Herr Basler, was ist das Schwierige am Fußball? – „Präzise, lange Pässe schlagen." – Herr Basler, was können Sie besonders gut? – „Präzise, lange Pässe schlagen."

Pelé

Vom Schuhputzer zum Weltstar. Der Fußballkünstler schlechthin. Die Nummer 10 schlechthin. Das sagt alles.

Pfeiffersches Drüsenfieber

Nach dem Wiesbadener Bakteriologen Emil Pfeiffer benannte Viruserkrankung, die kaum einer kannte, bis im Herbst '96 Stürmer Olaf Bodden davon in Mitleidenschaft gezogen wurde. Jener Bodden, der unter den formenden Händen von Beinhart-Lorant aus einem staksigen Strafraumstolperer zu einem brauchbaren Torjäger der → Löwen geworden war.

Pferdelunge

Organ der Wasserträger, die neuerdings „Staubsauger" heißen.

Pflügler, Hans

Knochenharter Abwehrspieler (11 Länderspiele), der seinen Platz auf der Festplatte allein einem Diktum des Kaffeehaustrainers Max Merkel verdankt: „Lieber zehn Minuten Maradona als zehn Jahre Pflügler." Die Formulierung selbst scheint dem schottischen Philosophen John Stuart Mill (1806–1873) abgelauscht; dieser schrieb: „Besser ein unzufriedener Sokrates als ein zufriedener Narr."

Pfostenbruch

Gehört ins Poesiealbum. Ereignete sich am 3. April 1971 im Bundesligaspiel zwischen Mönchengladbach und Bremen. Stürmer Laumen fliegt in die Maschen; der linke Torpfosten knickt wie ein Streichholz ab. Effektvolle Szene.

Phantomtor

Tor, das nur in der Einbildung von Schieds- und Linienrichter existiert. Begrifflich weiter gefaßt als das → Wembley-Tor. In Deutschland erzielte Thomas Helmer das erste Phantomtor, unter tatkräftiger Mithilfe der Männer in Schwarz: Hans Jürgen Osmers und Jörg Jablonski.

Platt

Sind konditionsschwache Mannschaften in der letzten Viertelstunde. Brechen dann ein.

Playing Away

Fußballoper von Howard Brenton (Text) und Benedict Mason (Musik).

Politiker

Suchen gerne die Nähe zum Volkssport. Man bekommt einen kostenlosen Platz auf der Haupttribüne, und wenn alles klappt, sehen es die lieben Wählerinnen und Wähler abends im Fernsehen, wie man Eintracht Frankfurt (Wolfgang Mischnick), dem Nürnberger Club (Richard Stücklen) oder Bayern München (Edmund Stoiber) publikumswirksam die Daumen drückt. Der Fußballer als solcher ist eher unpolitisch oder konservativ. Er ist wie die Spieler des FC Bayern CSU-freundlich, kandidiert schon mal für die NPD (Klaus Schlappner), agiert als strammer CDU-Rechtsaußen (Gerhard Mayer-Vorfelder), sieht Willy Brandt als „nationales Unglück" (Franz Beckenbauer), läßt sich wie Berti Vogts in wertkonservativer Allianz von Kanzler Kohl in den Arm nehmen, toleriert wie der ganze Deutsche Fußball-Bund aufs freundlichste die argentinische Junta bei der WM '78 oder gibt konkrete Handlungsanleitungen wie Mehmet Scholl: „Hängt die Grünen an die Bäume, solange es noch welche gibt." (Vom grammatikalischen Bezug her gesehen, ein interessanter Satz: Wird zuerst mit dem Dahinschied der Grünen oder mit dem der Bäume gerechnet?) Abweichler haben es schwer, wie Karl Allgöwer, der seinen Präsidenten Mayer-Vorfelder mit SPD-Nähe ärgerte, wie Ewald Lienen, der Freund der DKP, wie Alain Sutter, der Schweizer AKW-Gegner. (Paul → Breitner bleibt, als Phänomen der anderen Art, außen vor.) In der aktiven Politik finden sich Fußballer eher selten, Gianni Rivera, Italiens eleganter Mittelfeldspieler, kandidierte 1987 für die Christdemokraten. Das nur nebenbei. Wie Politik und Fußball zusammenhängen, zeigt sich ohnehin erst in der Rückschau des Historikers (→ Böttiger-Schule, → Geschichte), der die großen Linien aufspürt.

Polster, Toni

Torjäger in spanischen und rheinischen Diensten, der uns daran erinnert, was den Österreicher zum Österreicher macht.

Posipal, Jupp

Verteidiger des deutschen WM-Teams '54. Für den Empfang der Weltmeister durch das Bundesinnenministerium schlug der Küchenchef des Hotels Bergischer Hof, Bonn, als Entree eine Geflügelcremesuppe „Posipal" vor. Im Angebot waren auch: Gespicktes Rinderfilet „Kaiserslauterner Art", Champignons auf Toast „Schäfer Art", „Eisbombe Turek" (→ Granaten) oder besonders köstlich: „Ungarischer Paprika-Salat". Dem „Fußball-Trainer", der „Fachzeitschrift für alle Trainings- und Wettkampffragen", vom August '95 ist zu entnehmen, wie Posipal mit Ehefrau Gisela in der Hamburger Erlenstraße wohnte: „Solides Inventar und Mobiliar, Marmorfußböden, Gartengestaltung, Wandschmuck, Gardinen, alles ist solide, geschmackvoll, atmet das Flair jener Stätte aus, wo man sich wohl fühlt." Im Februar '97 dennoch verstorben.

Powerplay

Permanente Angriffswellen, die auf den Gegner zurollen, ihm keine Atempause gönnen, ihn „einschnüren", ihn nicht mal mehr über die Mittellinie kommen lassen. Doch, Vorsicht: Wer powerplayt, läßt sich gut auskontern.

Präsident Otto

Beleibter hessischer Bauunternehmer, der Dynamo Dresden in den Nachwendezeiten ruinierte. Das häßliche Antlitz des Westens. Heute in Haft.

Pressing

Neumodisches Zeugs, das jetzt alle spielen, die taktisch gut ausschauen wollen. Führt dazu, daß kein Ball mehr vernünftig angenommen wird und die vormals weiten Räume entsetzlich eng werden. Beklemmend wie Forechecking.

Psychologisch ungeheuer wichtig

Ist es, wenn man kurz vor oder kurz nach der Halbzeitpause ein Tor macht. Oder wenn Tina sich endlich wieder meldet.

Pur

Wodka pur, das ginge noch. Doch jedes Wochenende Abstiegskampf pur, das ist zuviel. Adjektive haben im Deutschen da hinten nichts zu suchen.

R

Radi

Kurzform für Petar Radenkovic, den besten Torwart, behaupten wir mal, den die Bundesliga je hatte. Jugoslawischer Nationaltorhüter, hielt den Kasten von 1860 München sauber, stets in souveränes Schwarz gekleidet (man denke im Gegensatz dazu an das grellbunte Durcheinander, das ein Bodo Illgner auf dem Körper trägt). Eurocupglanztaten 1965 gegen AC Turin und West Ham United. Deutscher Meister 1966. Bekannt für seine Kapriolen und sein Strafraumverlassen. Auch als Sänger (→ Schlager) erfolgreich: „Bin i Radi, bin i König, / alles andre stört mich wenig. / Was die andren Leute sagen, / ist mir gleich, gleich, gleich. / Bin i Radi, jajaja, / bin i König jajaja, / und das Spielfeld ist mein Königreich.“ (Platz 5 der Hitparade im April ’65) Nur Übelwollende aus dem Lager des Erzrivalen FC Bayern konnten auf die Idee verfallen, das herrliche Lied umzutexten in: „Bin i Radi, bin i Depp, / König ist der Maier Sepp.“ Ekelhaft.

Rastelli

Schweizer Artist aus den dreißiger Jahren, der trefflich mit dem Ball zu jonglieren verstand. Als verblaßte Metapher immer noch auf ballverliebte Dribbelkünstler und andere Galeriespieler angewandt.

Rattin

Südamerikanisches Rauhbein, dessen Vorname entfallen ist. Unvergeßlich hingegen seine Unsportlichkeiten bei der WM ’66, als er im Spiel England – Argentinien den wackeren Unparteiischen Rudolf Kreitlein, Schneidermeister aus Stuttgart, schmähte und rempelte. Dieser klammerte sich hinterher hilfesuchend an den runden Ball; sein trauriger Blick ging in die Weite des Wembley-Stadions. Rattin, wie das schon klingt.

Raus, raus, raus

Beliebteste Anweisung, die Trainer von der Seitenauslinie ihren Schützlingen zurufen.

Rehhagel, Otto

Als Spieler (Hertha BSC, FC Kaiserslautern) von bäuerlich-derbem Zuschnitt, als Trainer einer, der den Hinterbänklern von Werder Bremen zu Ansehen und Meisterschaft verhalf und heute trotz Lauterer Erfolge als Auslaufmodell gehandelt wird. Sein größter Fehler: in maßloser Selbstüberschätzung geglaubt zu haben, einem Tollhaus wie dem FC Bayern München gewachsen zu sein, und so scheiterte er prompt in der Saison '95/96: Entlassung. Woran genau, ist unklar geblieben. Vermutlich an den Umständen und den → Medien, die er besonders liebt (et vice versa). Das Unerträgliche an Rehhagel, seitdem er nicht mehr wie in jungen Offenbacher oder Düsseldorfer Trainerjahren an der Linie herumgeifert, ist seine sich selbst attestierte Altersweisheit. „Ich bin Kosmopolit, weiß, wo Cincinatti liegt", „Meine liebste Ballade von Schiller ist die *Bürgschaft*" – solche Sätze will niemand von ihm hören, was ihn anzuspornen scheint, diese zu äußern. Wenn das einreißt, heißt es morgen, daß Werner Lorant Musil schätzt, Hannes Bongartz auf Gottfried Keller schwört und Rainer Bonhof sich an George delektiert. Mir hingegen gefällt aus Schillers *Bürgschaft* am besten der wohl auf Andreas Köpke gemünzte Vers: „Und die Sonne geht unter, da steht er am Tor", zumal neuere Lesarten eher für die Variante „*im* Tor" plädieren.

Reihe

In der ersten sitzt man, außer in Sachen Fußball, bekanntlich bei ARD und ZDF. Aus der zweiten kommen die gefährlichen Weitschüsse.

Religion

In säkularisierter Zeit sucht der Mensch Halt, wo immer er ihn zu fassen kriegt, und so kristallisierte sich im 20. Jahrhundert der Fußball als idealer Religionsersatz heraus. Seine historischen Wurzeln rücken die Festlichkeiten des Spiels ohnehin in die Nähe religiösen Handelns. Der Multitheologe Eugen Drewermann, der es wissen muß, erinnert daran, daß Spieler früher „im Moment ihres Auftritts Repräsentanten, Priester, Protagonisten der Weltordnung" waren. Kein Wunder, daß nach Eintritt der „transzendentalen Obdachlosigkeit" (Georg Lukács) der Fußball endgültig die althergebrachten Funktionen des Religiösen übernahm. Der Verlust der jenseitigen Zuversicht bedeutet keinen generellen Verzicht auf Sinn; weil selbiger aber nicht zu kompliziert und zu schwierig zu finden sein darf, bietet sich der Fußball als Weiheareal an. Dem von den Segnungen der Zivilisation geschundenen Menschen zeigt er, samstags wie sonntags, einen Weg, das Hier und Jetzt zu überwinden, eins zu werden mit anderen und, in den beseligenden Augenblicken des gelungenen Spielzugs, mit dem Ganz Anderen. Bereits die Örtlichkeiten der Zelebration werden folgerichtig in religiös besetzter Terminologie umschrieben. Das Maracana-Stadion in Rio de Janeiro war Pelé ein „Altar des Fußballs", dem Rasen des Londoner Wembley-Stadions gebührt seit jeher das Attribut „heilig", und Trainer Ernst Happel, als Österreicher ohnehin mit den wesentlichen Dingen des Daseins vertraut, erinnerte sich an das Europacupendspiel '82/83 Hamburger SV gegen Juventus Turin mit dem Satz: „Die erste Halbzeit in Athen – da habe ich die Arme verschränkt und hab' gedacht: Es gibt nichts Schöneres. In einer Kirche ist es auch nicht schöner".

Auch das Spielobjekt selbst, der Ball, wird mit den Insignien des Göttlichen oder zumindest des körperlos Unsterblichen ausgestattet. Während ein nüchterner Pädagoge wie Helmut Schön konstatiert: „Der Ball hat keine Seele, der ist leblos", kontert ein Dichter wie Peter → Handke: „Der Ball hat eine Seele", und sein Kollege Melchior Vischer ließ ihn als „Manitus Zeichen" auf die Theaterbühne fallen. Da nimmt es nicht weiter wunder, daß auch die Akteure zu Protagonisten der neoreligiösen Tendenzen werden.

In auffälliger Häufung etwa werden die großen Gestalten des Spiels mit der gemäßen Metaphorik erhöht. Toni Turek ist seit → Wankdorf der → Fußballgott, Jahrzehnte nach ihm rühmte man – zugegebermaßen ein bißchen viel der Ehre – den Schalker Flügelstürmer Rüdiger Abramczyk als „Flankengott". Jürgen Grabowski wiederum, der Mann im Frankfurter Mittelfeld, war seinen Verehrern schlicht „der Göttliche" (Die „Hand Gottes", die Diego Maradona bei der Weltmeisterschaft '86 zum Ausgleich gegen England verhalf, gehört hingegen nicht unmittelbar hierher.) Wem die Gottesmetapher zu blasphemisch anmutet, der geht eine Etage tiefer: Gedankenverlorene nennen Franz Beckenbauer „Messias“ oder „Lichtgestalt“, andere Otto Rehhagel „Magier“. Siehe auch → Engel.

Wo der Fußball so vehement von religiösen Elementen befrachtet wird, bleibt den verbliebenen Amtsvertretern in Kloster und Kirche nichts übrig, als gute Miene zum bösen Spiel zu machen, zumal sie wohlgefällig registrieren dürfen, daß Größen wie Bum Kun Cha, Dirk Heinen, Oliver Bierhoff, Wynton Rufer oder Jorginho sich auch zur Primärreligion bekennen. Alt-Bischof Franz Hengsbach zeigte sich etwa als bekennender Schalke-Fan und fand gleich zupakkende Vokabeln: „Nicht Defensive, Offensive ist die Sache der Christen!“, und die Benediktiner in Neresheim scheuten sich nicht, Dirk Schümer zu beherbergen, auf daß er sein Buch *Gott ist rund* vollende. Am weitesten freilich geht wieder einmal die Phantasie der Literatur, hier die des Giovannino Guareschi, der seinen Don Camillo eine Kirchenelf zusammenstellen läßt, die dem kommunistischen Erzfeind Peppone heimleuchten soll: „Mit Gottes Hilfe werden wir sechs zu null gewinnen.“ Der Allmächtige freilich hält sich heraus, und selbst Don Camillos Versuche, den Schiedsrichter zu bestechen, fruchten nicht. Doch immerhin stellt sich im göttlichen Zwiegespräch die unwiderlegbare Erkenntnis ein: „Der Sport ist etwas ganz anderes. Wer darin steckt, der steckt eben darin, und wer nicht darin steckt, der steckt halt nicht darin.“

Reporter (allgemein)

Im Anfang war das Wort, sagt die Bibel (man sieht, dieses Lexikon versucht, wenn irgend möglich, aufeinanderfolgende Lemmata miteinander zu verknüpfen), und daran ist nicht zu deuteln. Welt und Wirklichkeit werden uns sprachlich vermittelt, das scheinbar authentische Erfassen der Dinge ist ein illusionäres Bemühen: „Es gibt keinen Standort außerhalb der Sprache“ (Helmut Arntzen). Und so ist es auch mit dem Fußball: Da er zum uns Umgebenden zählt, tritt er uns in sprachlicher Form entgegen, beim stillen Betrachten, beim Nacherzählen eines Länderspiels oder bei der Lektüre der Morgenzeitung. Fußball ist Rede, und weil die meisten Menschen in irgendeiner Art und Weise zur Rede befähigt sind, ist Fußball eine besonders intensiv gepflegte und lautstarke Rede. Die Berufsgruppe des Reporters erfreut sich deshalb keiner großen Beliebtheit. Wo alle mitreden können, tut sich der, der es professionell tut, schwer. Reporter als Teil der → Medien sind sozial geächtete Menschen, wie Lehrer, Immobilienmakler oder Päderasten. Sich über sie zu mokieren, sie der Dummheit oder der Schwafelei zu zeihen ist wohlfeiles Tun. Nichts leichter, als den Mann und die Frau am Mikrophon in die Pfanne zu hauen.

Reporter (Hörfunk)

Der Reporter im eigentlichen Verstande ist Rundfunkreporter. Das war seine Bestimmung – als es kaum Fernseher gab und die Ätherrede das darzustellen hatte, was niemand sah. Die markigen Stimmen, die Atmosphäre und Flair mit Worten erschufen, gehörten Männern wie Herbert Zimmermann (→ Wankdorf), Heribert Meisel (→ Faultless) oder Edi Finger (→ Cordoba). In überdrehter Emphase und dickaufgetragener Spontaneität ließen sie ihrer Begeisterung freien Lauf und die Menschen „zu Hause vor dem Transistor" nachempfinden, welche existentielle Tiefe der Fußball zu berühren vermag, auch wenn er nur Wort ist. Vertreter dieser einfühlsamen Spezies gab es im Lauf der Jahre nicht wenige: Ludwig Maibohm, Oskar Klose, Günther Wolfbauer, Jochen Hageleit, Kurt Brumme, Kurt Emmerich und Werner Hansch (der Radio-Hansch!) zum Beispiel. Manche Anstalten wie der Süddeutsche Rundfunk brachten merkwürdigerweise nie Anhörenswertes hervor (statt dessen Langweiler wie Gerd Million oder Günter Wölbert); die regionalen Stärken liegen, bis heute, eindeutig im Westen und im Süden des Landes. Der letzte dieser Mohikaner ist der vor allem für das stete Nürnberger Leid (→ Clubberer) zuständige Günther Koch (neuerdings auch auf CD), ein Übriggebliebener, dessen Ton kein Falsch kennt, dessen Schmerzen klingen, als seien sie echt.

Reporter (Fernsehen)

Das erste Übel für das Reporterwesen kam mit dem Fernsehen, das nicht nur die Kindheit, sondern auch die barokken Wortgemälde verschwinden ließ. Wo jeder Zuschauer sah, was passierte, durfte der Reporter schweigen – eine Haltung, die einzunehmen den wenigstens gelingt. Beckenbauer zu Hoeneß, Hoeneß zu Breitner und zurück zu Beckenbauer, quer zu Dürnberger ... solche Stafetten will niemand kommentiert haben, es ist langweilig genug, sie anzusehen. Ein Fernsehreporter, der begriff, was das neue Medium verlangte, war Rudi Michel: Seine Reportagen von den WM-Endspielen sind zurückhaltend, für heutige Ohren fast scheu; sie lassen die Bilder wirken, ergänzen hin und wieder, werten. Auch Ernst Huberty, der akurat gescheitelte „Sportschau"-Mann, kommt aus dieser Ecke, wiewohl sein leidenschaftsloser Buchhalterton auch zur Live-Übertragung eines Kaffeekränzchens gepaßt hätte.

Das zweite Übel kam mit dem Privatfernsehen. Der teure Quotenbringer Fußball mußte, so die Überzeugung, markt- und showgerecht verkauft werden, die Riege der smarten Ich-bin-gut-drauf-bleiben-Sie-dran-Bürschchen geriert sich seitdem als Kenner der Materie und macht jeden „ran"-Abend zur Tortur. Reinhold Beckmann, Jörg Wontorra, Johannes Kerner, Jörg Pilawa, Gaby Papenburg – es entstand der Moderatoreneinheitsbrei austauschbarer Besserverdiener, denen es gleichgültig ist, ob man sie für Talkshows, Suchsendungen („Bitte melde dich"), Kaffeefahrten oder Avon-Beratungen verpflichtet, Hauptsache, Medienpräsenz. Die eigentlichen „ran"-Reportagen wiederum versuchen auf Teufel komm raus Originalität zu demonstrieren: Man läßt kein Wortspiel aus, sucht – während die Kamera küssende oder Glühwein trinkende Tribünenpärchen zeigt – das Spiel nach Pointen ab und und reichert Sätze mit Betonungen an (am schlimmsten: Thomas Herrmann, SAT.1), als gelte es, gleich beim ersten Casting durchzufallen. Von den quälenden Interviews und „Hintergrundinformationen“, die eine „ran“-Sendung strecken wie Wasser den Bratenfonds, ganz zu schweigen.

Der Siegeszug des Infotainments bereitete den altgedienten Recken von ARD und ZDF den Garaus (was wir, das muß der Ehrlichkeit halber gesagt werden, in den wenigsten Fällen bedauern). Betbrüder aus der Ära, als die Bilder laufen lernten, wie Peter Jensen, Walter Johannsen, Klaus Schwarze, Jochen Sprenzel oder Fritz Klein (der dann in der Golf-Berichterstattung das ihm gemäße Metier fand) verschwanden in der Versenkung oder auf dem Altenteil; dort fand sich alsbald auch die einst dynamische Truppe echt kritischer ZDF-Journalisten wie Michael Palme, Günter-Peter Ploog oder Jochen Bouhs wieder. Manches unbedarfte Fossil freilich blieb: Heribert Faßbender, der unantastbare Schnarchsackonkel der Rest-„Sportschau“, Dieter Kürten, die silbergraue Ahnungslosigkeit, oder Gerd „Gaudimax“ Rubenbauer, der bayerische Sonderweg. Und es entstanden neue Phänomene wie Michael → Steinbrecher, die öffentlich-rechtliche Revanche für „ran“, Marcel Reif, der kritisch-distanzierte Bitburger-Trinker, der intellektuell einherkommt, das Giuseppe-Meazza-Stadion liebt und uns beharrlich vor Auswüchsen und schlimmen Entwicklungen warnt. Dennoch ist er mit von der Partie – sein Pech, daß er zu RTL wechselte und das Trauerspiel der → Champions League kommentieren und in der Pause das Komikerduo Jauch & Beckenbauer anhören muß.

Vielleicht aber sollte man das alles nicht überbewerten. Der gemeine Mann vor dem Bildschirm hat seine Ohren auf Durchzug gestellt; er läßt seine Frau und Reinhold Beckmann reden und wartet aufs nächste Spiel. Als nach der WM ’94 Zuschauer den ihrer Meinung nach besten Reporter nennen sollten, landete Dieter Kürten auf Platz 1 der Umfrage. Leider hatte dieser wegen Krankheit damals kein einziges WM-Spiel kommentiert.

Réthy, Béla

ZDF-Reporter der ganz lächerlichen Art. „Dommschwätzer“, würde Kabarettist Heinz Becker aus dem Saarland sagen. Vgl. auch die biblische Mahnung: „Ich sage euch aber, daß die Menschen müssen Rechenschaft geben am Tage des Gerichts von einem jeglichen nichtsnutzigen Wort, das sie geredet haben.“ Daß das ausgerechnet im Matthäus-Evangelium (12,36) steht, ist ein starkes Stück.

Ribbeck, Erich

Trainer. „Sir“ (→ Adel, → Lord). Überschätzt. Wie Udo → Lattek.

Riechen

Der Geruchssinn zählt zu den unterschätzten Vermögen des Menschen, obwohl Arthur Schopenhauer, der große Philosoph, ihn als „Sitz des Gedächtnisses“ bezeichnete, „der unmittelbarer als irgend etwas anderes den spezifischen Eindruck eines Vorganges oder eine Umgebung, selbst aus der fernsten Vergangenheit, uns zurückruft“. Dies muß damit zu tun haben, daß nur exzeptionelle Vorgänge auf dem Fußballrasen mit dem Geruchssinn in Verbindung gebracht werden. So „riecht es“ nach Abseits, nach einem Elfmeter und vielleicht einmal nach einer Roten Karte. Dieser Geruch bleibt noch Tage und Jahre später in der Nase.

Riegel-Rudi

Nannte man den Weltenbummler, Paradiesvogel und Frauenfreund Rudi Gutendorf, der in den Anfangsjahren der Bundesliga den Meidericher Abwehrriegel perfektionierte. Im italienischen Ausland, wo man sich fußballerisch ja immer Wunder was einbildet, hieß diese Torvereitelung „Catenaccio“ und war ärgerlich anzusehen. Auch die Schweiz kannte Vergleichbares: den Riegel ihres Nationaltrainers Karl Rappan. Snickers, Twix (früher Raider), Mars u.a. werden, weil sie den Hunger blockieren, als Schokoriegel bezeichnet. Gutendorf trainierte in Tansania, auf Mauritius, den Fidschi-Inseln und bei Tennis Borussia Berlin. 1996 wollte der erfahrene Mann seinem Heimatverein Neuendorf als Präsident auf die Sprünge helfen; gewählt hat man ihn nicht.

Rostock, Hansa

Sympathischer Verein in Mecklenburg (wenn man Peter-Michael Diestel kurz verdrängt). Das Leben dort ist kein Zuckerschlecken, aber deshalb, sagt die → Böttiger-Schule, dem guten Sport förderlich: „Das Hafenbräu, der Wind, die karge, rauhe Maloche: Das sind Wurzeln für den Fußball." Gleichsam der SC → Freiburg des Nordens, des Ostens oder von was auch immer.

Rückhalt

Ist ein guter Torwart seiner Mannschaft. Dann pariert er alles, holt sich die hohen Bälle runter, agiert ruhig und besonnen. Aber: „Ein Torwart muß Ruhe ausstrahlen, er muß nur aufpassen, daß er dabei nicht einschläft." (Sepp Maier)

Rund, das weite

Wenn nichts passiert auf dem Rasen, bleibt endlich Zeit, in selbiges zu schauen.

Ruppig

Ist und bleibt ein markantes Wort, um die „rauhe Gangart" eines Spieles zu charakterisieren. Wo's ruppig zugeht, sind die Haken und Ösen nicht weit.

S

Salz in der Suppe

Ein Tor, mindestens eins, bitte.

Sammer, Matthias

Dresdner Allrounder in Diensten Borussia Dortmunds. Vielleicht der beste Spieler, den die Liga in den Neunzigern hatte. Viel Kampf, Einsatz, Durchsetzungsvermögen und Fleiß, aber auch Anflüge von Genialität. Zudem Anwandlungen von Selbstkritik, was kaum verbreitet ist. Dankenswerterweise auch keiner, der Jungreporter sich ungestraft anschleimen läßt. Das hat der Osten gut ins wiedervereinigte Deutschland „eingebracht".

Satt

Sind der neuen kritischen Theorie zufolge alle jungen Bundesligaspieler. Voller Bauch studiert nicht gern.

Scheibenwischer

Neumodische Beleidigungsgeste gegenüber Schiedsrichtern. Ersetzt häufig das Den-Vogel-Zeigen. Siehe auch → Stinkefinger.

Scherensprung

Hochsprungtechnik, die als sehr veraltet gilt. Wurde von Straddle und (Fosbury-)Flop abgelöst. Hochsprung? ... der Autor sammelt sich, alles klar, der Eintrag sollte „Scheren*schlag*" heißen, womit eine artistisch anspruchsvolle Ballwegschlagmethode gemeint ist. Auch aus der Mode gekommen. Warum ist alles, was mit „Schere" zu tun hat, merkwürdig inaktuell? Kein Kind macht mehr schöne Scherenschnitte. Und wie steht es um die Scherenstellung beim – nein, nicht, was Sie denken – Bergsteigen? Reinhold Messner, it's your turn.

Scheunentor

Offen wie ein solches zeigen sich bisweilen Abwehrreihen. Was sich meist „rächt": Tor für den Gegner.

Schiedsrichter

Werden die, mutmaßte man früher, die zu Hause oder am Arbeitsplatz nichts zu sagen haben. Der heutige Erkenntnisstand geht tiefer und läßt sich so skizzieren: Der Schiedsrichter darf weder Tore schießen noch verhindern, alle Pfade zum Glück (→ Sex) scheinen ihm verbaut. Vulgärpsychologisch gesehen, sucht er die Befriedigung im Abstrafen der sexuell motivierten Spieler und Zuschauer. Wo einem, sagen wir: per Fallrückzieher, ein Traumtor gelingt, pfeift der Spielverderber ab, entscheidet auf „gefährliches Spiel" und führt somit die schlimmste Bestrafung herbei: Die Entladung wird der Lächerlichkeit preisgeben, als Täuschung des Schützen denunziert. Der negierte Sexualakt – das ist blanker Sadismus, da schlummert die Triebquelle des Unparteiischen. Freude wollte z.B. Stefan Effenberg, der alte Schwerenöter, im Gesicht des Schiedsrichters Merk gesehen haben, als dieser ihm die Rote Karte entgegenstreckte. Und zudem: Das sadistische Unterbinden und Quälen ist verknüpft mit der wollüstigen Hingabe an die Beschimpfung, die der Referee für sein Tun erntet (→ Schwarze Sau). Bezeichnenderweise erfreuen sich Zurufe wie „alter → Wichser" dabei seit alters größter Beliebtheit. Woche für Woche setzt sich der Schiedsrichter diesen verbalen, manchmal handgreiflichen Geißelungen aus, ohne je von seiner Tätigkeit ablassen zu wollen. „Pfeifen begeistert und macht mich glücklich", so der frühere Bundesligaschiedsrichter Hans-Joachim Weyland. Wir sehen: Der Sadomasochismus ist gleichfalls eine Möglichkeit, dem Nichtschießen-Dürfen entgegenzuwirken. Zu Hause und am Arbeitsplatz hat der Schiedsrichter meist nichts zu sagen.

Schlager

Die deutschsprachige Lyrik hat sich dem Fußball nicht in gebührender Weise angenommen. Sieht man von Eckhard Henscheids unüberbietbarer *Hymne auf Bum Kun Cha*, Ror Wolfs großartigen WM-Sonetten und einzelnen Gedichten von Robert Gernhardt oder Ludwig Harig ab, so ist das Material dürftig. Anders hingegen im oft geringgeachteten Schlager, der bereits 1948 mit Theo Lingens *Theodor im Fußballtor* aufwartete. Die goldene Zeit des Fußball-Liedes datiert in den sechziger und frühen siebziger Jahren. Wencke Myhre schenkte uns *Er steht im Tor*, Frank Schöbel beglückte die DDR mit *Ja, der Fußball ist rund wie die Welt*. Zuvor hatten bereits die Aktiven (nicht nur Fußballer, auch Eiskunstläufer wie Marika Kilius, Hans-Jürgen Bäumler, Segler wie Willy Kuhweide oder Hürdensprinter wie Martin Lauer) Mut gezeigt und beherzt zum Mikrophon gegriffen: Petar Radenkovic' *Bin i Radi* oder Gerd Müllers *Dann macht es bumm* wurden zu beeindruckenden autobiographischen Zeugnissen. Auch Torwart Norbert Nigbur sang schön: „Die Nummer 1 steht auf meinem Trikot. / Nur zwischen den Pfosten bin ich richtig froh." Ästhetisch unbefriedigender kamen hingegen jene Produkte einher, in denen Spieler Lebensbereiche außerhalb ihres Brotberufes besangen. Die Schalker Zwillinge Helmut und Erwin Kremers rühmten *Das Mädchen meiner Träume*, Franz Beckenbauer warb für Tütensuppen und überhaupt für das Positive im Menschen: *Gute Freunde kann niemand trennen* (im „bossa feeling"), und Charly Dörfel, der des Gesangs im eigentlichen Sinne nicht mächtige Hamburger Flügelstürmer, brachte *Erst ein Kuß* zu Gehör. Als Nachzügler erinnern wir das fremdsprachige *Head over heels* von Kevin Keegan. Heute ist das alles passé. Wer will auch Martin Max, Dariusz Wosz oder Jürgen Kohler singen hören? Und was?

Schlagzahl

Weil die Wontorra-Sippschaft unter den → Reportern nach Metaphernausstoß bezahlt wird, müssen andere Sportarten als Leihgeber herhalten. Neben den → Stockfehlern des Eishockeys nun auch die Schlagzahl des Ruderns. Diese werde „erhöht", wenn die Fußballer nicht ganz so behäbig wie in der ersten Halbzeit weiterkicken.

Schlappner, Klaus

Trainerfossil, das seine „Waldhof-Bub'n" in die erste Liga führte, einst für die NPD kandidierte (vergessen wird nichts), den chinesischen Fußball auf Vordermann und den Pepita-Hut in Umlauf brachte, den Nigerianer Jonathan Akpoborie (→ Akpotorie) Schneemänner bauen ließ und 1996 vergeblich versuchte, an die alten Monnamer Zeiten anzuknüpfen. Auszurangieren.

Schlenzen

Fertigkeit des Ballkünstlers. Schon Goethe sprach im *Götz von Berlichingen* vom „Schlenzen und Scherwenzen mit den Weibern" (siehe ganz generell dazu Walter Porzig, *Das Wunder der Sprache*, 9. Auflage, 1993).

Schlitzohr

Trick- und fintenreicher Spieler, der mit allen Wassern gewaschen ist und wie das → Original allmählich ausstirbt. Hieß Manni Burgsmüller oder Fränki Mill.

Schmoren

Aus der Sprache des Kochens. Was dort scharfes Anbraten und mähliches Garen eines Bratenstücks (aber auch: Schmorgurke) bedeutet, bezeichnet in unserem Zusammenhang das unbefriedigende Sitzen auf der Ersatzbank. Paradox: Obgleich mancher darauf lange schmort, wird er dann stundenlang zum Warmmachen geschickt.

Schmuckkästchen

Angesichts steigender Kriminalitätsraten hat keine verantwortungsbewußte Frau dergleichen zu Hause mehr rumstehen. Doch ausgebufft, wie die Sprache ist, hat sie sich einen Ausweg gesucht und nennt jetzt kleine, feine Fußballstadien (Freiburg, Waldhof usw.) so.

Schneckerl

Kosewort für den österreichischen Spieler Herbert Prohaska. Sind sie nicht ein liebenswertes Volk, unsere österreichischen Nachbarn? Vergleiche indes → Cordoba.

Schnellinger, Karl-Heinz

Abwehrspieler, dem in 47 Länderspielen ein einziges Tor gelang. Aber was für eines: das wunderbare 1:1 im Halbfinale bei der WM '70 (→ Yamasaki, Arturo), in der Nachspielzeit, gegen die Italiener. Wir haben das Bild genau vor Augen: wie sich Schnellinger, der „Legionär", lang macht, fast nach hinten fällt, wie sich sein Bein streckt, wie es den Ball gerade noch erwischt und wie es ihn an Albertosi, den wakkeren Schlußmann, vorbeibugsiert. „Ausgerechnet Schnellinger, werden die Italiener jetzt sagen", kommentierte Ernst Huberty die Tat, und auch in der avanciertesten Gegenwartsliteratur fand dieser Moment seinen Niederschlag, etwa in Bernward Vespers Romanessay *Die Reise* (1977): „Es ist dunkel im Zimmer, aber als *das* Tor fällt (92. Minute), stürzen Biergläser um, panisch kreischende, sich umschlingende, gegen die Decke hin wachsende, kreiselnde, torkelnde, schlingernde Paare." Auch der Journalist Peter Henning erinnert sich farbgetreu: „Ich weiß noch, wie Großmutter im Nachthemd vor der Flimmerkiste saß und begeistert die Arme hochriß." Wer auch möchte die Erinnerung missen an ein Spiel, das sich in der Verlängerung in einen 3:4-Rausch steigerte? Niemand, auch nicht der italienische Publizist Romano Giardini, der in seiner *Anleitung, die Deutschen zu lieben* (1996) zum historischen Präsens greifen muß, um seine Gefühle zu zähmen: „Weiße und Azzurri sind keine Gegner, sondern Interpreten einer Oper wie Capuleti und Montecchi in einem *Julia und Romeo* des Fußballs, der damals noch klassisch lederfarben war." Die ästhetische Verbundenheit zwischen Italienern und Deutschen hielt nur ein Jahr, bis zum → Büchsenwurf.

Schöne, das

Der Fußball wurzelt wie die Kunst im magisch-kultischen Spiel, und wer ihn recht anzuschauen vermag, wird das Schöne und künstlerisch Vollendete, das einem Match innewohnt, nicht bestreiten. Nicht jedes Spiel ist schön, doch wenn sich die heiteren Momente, die Epiphanien, auftun, erhellt sich das zauberhafte Gelingen, das Sich-selbst-genug-Seiende der Bewegungen. Schönheit im Sinne Immanuel Kants ist zweckfrei und interesselos – ein Zustand, der sich einstellt, wenn Spielern das völlig Überraschende, das Nicht-für-möglich-Gehaltene glückt: der Treffer aus „unmöglichem" Winkel (→ Klebe), der ansatzlose → Fallrückzieher, der Schuß ins Dreieck aus mindestens vierzig Metern, der wie an der Schnur gezogene → Doppelpaß, das Dribbling gegen sechs entnervte Gegenspieler. Fußballerische Kunst ist dem Schweren, dem Erschwerten abgerungen. Wie leicht wäre es, das Leder in die Hand zu nehmen, es ein bißchen übers Feld zu tragen und an geeigneter Stelle auf den Spann fallen zu lassen und abzuziehen. Nichts da: Wo die Schönheit des Sports erwächst, folgt sie aus der Komplikation und bietet sich dennoch, wie der Tanz, dem Auge leicht und beschwingt. Der großen Dichtung oder Malerei vergleichbar kommt die Schönheit des Fußballs unarrangiert und unangestrengt einher; ihre inneren Gesetze gibt sie nicht zu erkennen und erweckt den Anschein des gänzlich Zwanglosen. Wer „schön" spielt, ein Sindelar, ein Beckenbauer, Gullit oder Valderrama, verrät keine Mühsal, kein Ringen mit dem Objekt, ist „Freiheit in der Erscheinung" (Friedrich Schiller). Selbst das dem Schönen durchaus widerstreitende Ziel des Torerfolges scheint den Künstler nicht zu interessieren. Das „Scheiberln", das schnörkel- und fintenreiche Umgehen mit dem Ball, ist es, wonach er strebt. Wo Schönheit und Kunst sind, ist Eros (→ Sex) nicht fern, und so schwingt in aller ästhetischen Leichtigkeit des Spiels stets ein Element verzückter Lust mit.

Doch: „In Schönheit sterben", so lautet die Warnung, die der Fußball dem entgegenhält, der vergißt, daß es hier auch um Sieg und Niederlage geht. Darin liegt der fundamentale Zwiespalt, den diese Kunst auszuhalten hat. In Friedrich Torbergs Roman *Die Mannschaft* (1935) erregt die Hauptfigur, der Schüler Baumester, bei seinen Mitspielern Hohn, weil er sich über die Schönheit eines „Outschusses" erfreut. Kann ein Nicht-Treffer einem Treffer an künstlerischem Wert, an Wohlgefallen überlegen sein? Mit Sicherheit – und genau an dieser Stelle klaffen die Anschauungen auseinander: Will ich mich vor allem als Sieger sehen, will ich mich mit der spärlichen Eleganz eines ermauerten 1:0-Erfolges zufriedengeben? Oder bin ich bereit, einem schönen, offensiv beseelten Spiel alles zu opfern, auch auf die Gefahr hin, mit 4:5 als unglücklicher Verlierer vom Platz zu gehen? Joschka Fischer zum Beispiel, nicht umsonst Realo, weiß, was er will: „Wenn ich Fußball spiele, dann will ich gewinnen und spiele ihn nicht schöner Pirouetten wegen." Und seien wir ehrlich, so unrecht hat der Mann nicht: Ständig schön zu spielen und hoch zu verlieren, das hält auf Dauer nicht einmal ein SC-Freiburg-Anhänger aus. Ab und zu, im Abstiegskampf etwa, reicht uns ein 1:0-Gewürge gegen den Tabellennachbarn völlig aus, um beschwingt und glücklich den Heimweg anzutreten. Immer Kunst geht nicht.

Schönheitsfehler

Passiert, wenn man bei einer 5:0-Führung kurz vor Schluß den „Ehrentreffer" des Unterlegenen einfängt. Auch als „Ergebniskosmetik" bekannt.

Schönwetterspieler

Sind solche, die nicht bis zum letzten Blutstropfen kämpfen und wühlen, die nicht dorthin gehen, → wo's wehtut, die glauben, Fußball sei was fürs Mädchenpensionat, und die die „internationale Härte" unterschätzen.

Schuster, Bernd

Der letzte Lenker im deutschen Spiel. Der beste Fußballer der Achtziger, der sich, bezeichnenderweise, mit dem DFB überwarf und so nur zu 21 Länderspielen kam. Schwieg gerne, schlug Pässe von durchdringender Klarheit und Präzision. 1994 ketteten sich junge Menschen vor das Tor der Frankfurter DFB-Zentrale, um Schusters WM-Nominierung durchzusetzen. Selbst bei seinem späten, fülligen Bundesligacomeback in Leverkusen ließ sich in vereinzelten Augenblicken die „Strahlungskraft" (Marc Aurel) seines Spiels erahnen. Das Beispiel Schuster zeigt, daß es ein richtiges Leben im falschen gibt, anders gesagt: daß auch im Zeitalter von → Gijon und → Derwall partiell hohe Kunst möglich war.

Schwalbe

Einer unserer verbreitetsten gefiederten Freunde, meist im Strafraum vorkommend und häufig für Elfmeter sorgend. Bekanntestes Beispiel: Andreas Möllers eingesprungener Axel 1994/95 gegen Karlsruhe. Der Gegenspieler stand gut zwei Meter entfernt, Schiedsrichter Habermann, heute im Ruhestand, pfiff Strafstoß. Wer Schwalben produziert, gilt als moralisch minderwertig, weil er offensichtlich gegen Kants kategorischen Imperativ verstößt („Handle nur nach derjenigen Maxime, durch die du zugleich wollen kannst, daß sie ein allgemeines Gesetz werde"). Wo kämen wir auch hin, wenn die Schwalbe positiver Regelbestandteil würde. Namhafte Vertreter der Schwalbenkunst sind Sergej Kirjakow, Frank Mill, Stéphane Chapuisat oder Karl-Heinz Riedle. Als früher Vertreter gilt gemeinhin Bernd Hölzenbein, der allerdings oftmals zu Unrecht der Elfmeterschinderei bezichtigt wurde. Er fiel im Gegensatz zu seinen Nachkömmlingen gekonnt und konsequent, wenn sich ihm ein vorwitziges Bein in den Weg stellte. Um das eindeutig festzuhalten: Sein Fall im WM-Endspiel '74 gegen die Niederlande war ein klarer Elfmeter!

Schwarze Sau

Unverwüstliche Schimpfvokabel für → Schiedsrichter, auch in der gesanglich dargebrachten Wendung „Hängt sie auf, die schwarze Sau" überliefert. Ein Schwein am Galgen, man stelle sich das vor. Unter psychologischem Gesichtspunkt ist die „Sau" als „Sündenbock" interessant. Wendelin Schmidt-Dengler, der Wiener Hochschullehrer, führt des weiteren an: „In Momenten der Selbsterniedrigung kann man sich sogar mit dem Schiedsrichter (‚schwarze Sau') identifizieren: Er hat es schwer, wir auch." Das Schimpfwort droht (wie das semantisch verwandte „Schwarzkittel") bedauerlicherweise auszusterben, seitdem neue Farben auf Schiedsrichterblousons Einzug hielten. Wer ruft schon „Grüne Sau" oder „Magenta-Sau"? Überhaupt: Die farbliche Auflockerung, die man der Schiedsrichterausrüstung angedeihen ließ, erweist sich bei näherer Betrachtung als leichtfertige Aufgabe sozialer Symbolik. Warum denn war es gute Sitte und Gepflogenheit, daß sich die Unparteiischen, diese Richter „au-dessus de la mêlée" (Romain Rolland), stets in schlichtes Schwarz gewandeten? Der beliebte Countrysänger Johnny Cash hat dazu in seinem richtungweisenden Lied *Man in Black* das Wesentliche gesagt: „Well, you wonder why I'm always dressed in black, why you never see bright colours on my back … well, there's a reason for the things I have on: I wear the black for the poor and the beaten down … I wear it for the sick and lonely old …" In Grün oder Magenta vermag der Schiedsrichter diese schonungslose Anklage nicht mehr glaubhaft zu vermitteln. Typisch für die Ellbogengesellschaft der „sozialen Kälte" (Friedrich Schorlemmer).

Schweden

Hatten es im Umgang mit den Deutschen schwer nach der Fußball-WM '58, als im Halbfinale der listige schwedische Stürmer Hamrin den deutschen Klotz Juskowiak provozierte, bis dieser jenen trat, jener theatralisch sich wand und dieser vorzeitig in die Kabine geschickt wurde. Deutschland, der Titelverteidiger, verlor, mancher Schwedenurlaub wurde sofort storniert und manche Schwedenplatte von der Speisekarte gestrichen. Später fielen die Schweden nicht weiter unangenehm auf, schieden bei Turnieren meist frühzeitig aus und schickten sympathische Spieler wie Bo Larsson oder Ronnie Hellström in die Bundesliga. Von Martin → Dahlin mal abgesehen.

Schwelentrup

Kleine Gemeinde im Lippischen mit Fußballclub, der *R*asen-*S*port-*V*erein heißt und nur einen Ascheplatz hat. Brigitte kommt von da.

Schwulsein

Verträgt sich mit einem Männersport nicht gut, heißt es. Obwohl die Fußballer wie im Kloster oder bei der Bundeswehr oft aufeinanderhocken, scheint es in der Bundesliga erstaunlicherweise kaum welches zu geben. Wie kommt's? Fehlt's nur an den Outern? Fragen wir den Fachmann, fragen wir Trainer Bernd Krauss: „Im harten Fußballgeschäft würde ein zartbesaiteter Homosexueller nicht zurechtkommen." So, so.

Sekundärtugenden

Gelten als Charakteristikum des Deutschen. Oskar Lafontaine schrieb sie seinem Parteifreund Helmut Schmidt zu, was diesem mißfiel. Helmut Kohl und Berti Vogts mahnen hingegen eben diese Eigenschaften an, die den deutschen Fußballer auszeichnen: Einsatzbereitschaft, Kampf, Disziplin. Oder mit Beckenbauer zu sprechen: „Der Deutsche kann keinen brillanten Fußball spielen wie der Brasilianer oder der Franzose. Das ist ein Ausfluß (!) seines Grundcharakters." Das Kreative und Rastelliartige gehört zu den Italienern und Südamerikanern, wohingegen der Engländer Kick-and-Rush bevorzugt, der Däne locker ist, der Österreicher melancholisch und der Liechtensteiner leicht zu schlagen. Und der Spanier? Dazu mal wieder Hans → Blickensdörfer: „Stolzer sind die Spanier. Ihr heißes Temperament und ihre Selbstachtung lassen sie den Geschmack am Risiko nicht verlieren, weshalb ihr Stil ein unverfälschter Ausdruck ihrer rassischen Qualitäten und ihrer Mentalität geblieben ist." So ist das mit den Völkern.

Selbsteinwechslung

Relativ seltenes Phänomen, genaugenommen nur einmal in der deutschen Fußballgeschichte vorgekommen, und zwar am 23. Juni 1973 in der Verlängerung des Pokalendspiels Köln gegen Mönchengladbach: Günter → Netzer, körperlich nicht in Bestform, vor dem Transfer zu Real Madrid stehend, von seinem Trainer Weisweiler auf die Ersatzbank verbannt, beschließt seine Einwechslung, kommt aufs Feld, spielt Doppelpaß mit → Bonhof, zieht halbverunglückt ab, und der Ball schlägt im Torwinkel ein: Sieg. Magischer Moment, keine Frage. Der „Held Achill" (Günther Rühle) hatte sein „Vermächtnis" (Helmut Böttiger) hinterlassen.

Seuchen

Wie Lepra oder Malaria sind in unseren Breiten dankenswerterweise selten geworden. Lediglich in Fußballstadien trifft man sie eigentümlicherweise weiterhin an. Stürmer, die ihrer Bestimmung nicht nachkommen, haben die „Seuche am Fuß". Das Bundes-Seuchengesetz schweigt sich dazu aus, sowohl in seiner Erstfassung vom 18. 7. 1961 als auch in dessen Modifikation vom 18. 12. 1979.

Sex

Gleichsam unergründlich ist die Wechselbeziehung, die zwischen dem Fußballsport und dem Geschlechtsleben des Menschen bzw. Mannes besteht. Zuerst und offenkundig: Wo Männer unter sich sind und mit großer Begeisterung ausdauernd einer Beschäftigung nachgehen, deren unbedingte Notwendigkeit nicht ins Auge springt, meint dieses Treiben erwiesenermaßen etwas anderes als das, als was es auf den ersten Blick erscheint. Anders gesagt: Männer wollen immer und immer nur das eine; da Frauen jedoch auch andere Interessen haben (batiken, telephonieren, naß rauswischen usf.), häufig unter Migräne leiden oder sich bloß nach Zärtlichkeit, Kuschelsex, Theaterbesuch oder einem guten Gespräch sehnen, muß sich der Mann ein symbolisches Terrain suchen, auf dem er das Defizit des nichtpermanenten Geschlechtsverkehrs zu kompensieren vermag. Wo er sich diesen Ausgleich holt, ist durchaus verschieden: Der eine liest Pornohefte, der andere hat eine Märklin-Eisenbahn mit vielen Tunnels, und der ganz andere schreibt zentnerschwere Romane, um sich vom Eigentlichen abzulenken. Seit Sigmund Freud wissen wir Bescheid; in seiner Schrift *Der Dichter und das Phantasieren* (1908) heißt es kurz und bündig: „Unbefriedigte Wünsche sind die Triebkräfte der Phantasien."

Der Fußballplatz ist fraglos der ideale Austragungsort, um angestautes Triebpotential zu entladen. Bei Lichte besehen scheint es sogar, als ob das sexuelle Glück, das ein strammer Schuß ins Netz bringt (→ Orgasmus), dem primären Akt vorzuziehen ist. Die Frau, das störende, sich zierende Element, fehlt; der Mann ist mit sich und seiner Freude allein und kann sie – was ihm die Möglichkeit gibt, seine latente Homosexualität in der Öffentlichkeit ungeniert zu zeigen – im → Torjubel mit seinen Spießgesellen teilen. Wo anders als auf dem Fußballfeld ist es gesellschaftlich tragfähig, daß Männer in Ekstase geraten und sich umarmen, küssen und bespringen? Die Krimiautorin Uta-Maria Heim hat diese Massenorgien detailgetreu beschrieben: „Dort wälzen sie sich dann kreischend und quietschend, ein Knäuel aus muskulösen Armen und Beinen. Mal liegt der eine oben, mal der andere. Der, der jeweils oben liegt, verrichtet stoßende Bewegungen gegen den unteren. Der untere versucht, möglichst schnell hochzukommen, um selber stoßen und quietschen zu können."

Wie wir von Kardinal Ratzinger, Claudia Nolte und anderen wissen, leidet unsere dekadente Gesellschaft unter einer zunehmenden „erschreckenden" Sexualisierung. Diese Libertinage macht auch vor dem Fußball nicht halt. Das Zurschaustellen der erotischen Aspekte nimmt zu; die veränderten Formen des Torjubels demonstrieren dies abstoßend. Daß erwachsene Männer nach dem Erfolgserlebnis ihren Unterleib vor einer Eckfahnenstange schwenken, wäre unter Sepp Herberger, der, so heißt es, die Hochzeitsnacht im Zug (unterwegs zu einem Spiel natürlich) verbrachte, und Helmut Schön nicht möglich gewesen, und daß der Volksmund das dem Freiburger FC zugehörige Möslestadion als „Arena Vagina" bezeichnet, geht ebenfalls zu weit.

Bei allem Entsetzen, das sich angesichts solcher Auswüchse einstellt, wollen wir nicht vergessen, daß die erotische Besetzung des Fußballs auch Positives mit sich führt. Die Beziehung Mann – Frau befindet sich, wie der Fußball, die Rentenversicherung und die F.D.P., in einer dauerhaften, ja sich verschlimmernden Notlage. Die Geschlechter finden nicht recht zusammen, streiten sich über Selbstverwirklichung u.ä. und landen am Ende, wie die Alten in Becketts *Endspiel*, in separaten Mülltonnen. Der Mann ist auf dem absteigenden Ast (jaja, ein gewagtes Bild), da hilft keine beschönigende Floskel, und wenn er gescheit ist, erkennt er dies und schenkt seine Libido dem Fußball. Der Geschlechtsakt, dem sich die zickigen Frauen immer öfters verweigern, ist im Oval des Stadions eher gewährleistet als in der häuslichen Bettstatt; schließlich endet nur ein Bruchteil der Spiele torlos. Und weil wir in Zeiten leben, da das Bis-daß-der-Tod-euch-scheidet keine flächendeckende Gültigkeit mehr besitzt und wir von Kurzzeitpartnern umzingelt sind, stiftet die Liebe zum eigenen Verein kraftspendende Solidität. Die Frauen gehen, Borussia und Hertha bleiben. Das schlimmste Schicksal, das einen Fan ereilen kann, ist also die Liquidation seines Klubs.

Zurück zu erfreulicheren Dingen: Was dem bulligen Mittelstürmer recht ist, soll dem Zuschauer billig sein. Denn die sexuelle Entlastung, die das Spiel dem Aktiven beschert, bleibt dem passiven Betrachter nicht vorenthalten. Sein Sich-Hineinsteigern in das packende Strafraumgeschehen, seine Vorfreude, wenn der Ball sich in Richtung Netz bewegt, sein hemmungsloses Entsetzen, wenn Pfosten oder Latte das sicher geglaubte Glück vereiteln, sein ejakulativer Aufschrei, wenn das Ding drin ist, sein Umarmen wildfremder Stehplatznachbarn und das langsame Erregungsabklingen beim Verlassen des Stadions – das alles ist höchst eindeutig: eine „Brautnacht für alle" (Georges Haldas).

Für alle? Für den vom Torerfolg zehrenden Zuschauer, gewiß, für den treffsicheren Stürmer, sicherlich. Doch was ist mit den anderen, dem → Vorstopper, dem → Schiedsrichter und vor allem dem Torwart, dessen Behuf es ist, den Orgasmus zu verhindern? Lolita Morena, die schweizerische Lothar-Matthäus-Ex-Gattin, hat das Problem eigenwillig und prägnant herausgestellt: „Psychologisch gesehen, sind alle Fußballer eigentlich Vergewaltiger, außer dem Libero und dem Torwart, die verhindern, daß was weitergeht." Ruhig Blut, Lolita (→ St. Pölten), es ist wie überall im Leben: Nicht alle taugen zum „latin lover", nicht alle können immer und bei jeder zum Zug kommen; mancher bringt es nicht einmal zum Verbal- oder Symbolerotiker. Die Rolle des „womanizers" gebührt dem Sturmtank, dem Brecher, dem Reißer, der abzieht, nachstößt, nicht lange fackelt, in die Lücke spritzt und das Ding versenkt, auch auf schlüpfrigem Boden (Dank hier an Ror Wolf und seine Collage *Der letzte Biß*). Das Dilemma der Torhüter hat einer ihrer besten Vertreter, Sepp Maier, im Kindesalter erfahren, als er die Weichen seines Lebens stellen mußte: „Tore wollte ich machen, nie im Leben welche verhüten." Manchmal kommt es anders, als man denkt – doch der Sepp ist seiner damals in München-Haar getroffenen Entscheidung treu geblieben und wurde sogar Bundestorwarttrainer, Fachmann also für Spaßvereitelung. Andere Torwarte gehen andere Wege: Klaus → Thomforde, der sich mühende, immer nicht ganz bundesligatauglich wirkende St.-Pauli-Schlußmann, macht aus der Not eine Tugend und feiert jeden abgewehrten Ball wie einen Coitus perfectus. Ihm gehe dabei „einer ab“, gab er konsequenterweise zu Protokoll. Man sieht: Es läßt sich aus jeder Situation was rausholen, man muß nur wollen. Allgemeiner gesagt, gilt auch hier Sepp Herbergers Sentenz „Nach dem Spiel ist vor dem Spiel.“

Siegmann, Norbert

Bremer Spieler, der in seinem Bundesligaleben einmal auffiel: als er Ewald Lienen am 14. August 1981 den Oberschenkel auf einer Länge von fünfundzwanzig Zentimetern aufschlitzte. Kommentar des Sünders: „Ich spiele schon seit zehn Jahren so und kann es eben nicht wie Beckenbauer.“ Aus der Serie „Fouls, die wir nie vergessen“ (→ Augenthaler, Klaus)

Sindelar, Matthias

Österreichs Heros schlechthin. Dirigent im „Wunderteam“, das Anfang der dreißiger Jahre Fußballeuropa entzückte bzw. in Angst und Schrecken versetzte. Höhepunkt war dabei – ein sehr österreichisches Phänomen – eine Niederlage, das 3:4 gegen England an der Stamford Bridge am 7. Dezember 1932.

Der mit lässiger Grazie aufspielende Halbstürmer Sindelar, der „Papierene“ mit „Geist in den Beinen“ (Alfred Polgar), wurde ein so außergewöhnlicher Nachruhm zuteil, weil er nicht alt wurde: „Österreichs Genies haben früh vollendet unter armseligen und am besten noch irgendwie mysteriösen Umständen zu sterben: Wolfgang Amadeus Mozart, Franz Schubert, Jochen Rindt, Matthias Sindelar.“ (Johann Skocek)

Sindelar zeigte keine Begeisterung über die nationalsozialistische Annexion und leistet im „Anschlußspiel“ von 1938 (→ Cordoba) stillen Widerstand, als er maßgeblich zum 2:0-Erfolg der „Ostmark“ Österreich beitrug. Wenig später, am 23. Januar 1939 starb Sindelar, fünfunddreißigjährig, unter nie restlos aufgeklärten Umständen an einer Gasvergiftung. Ein Selbstmord aus politischen Gründen schien nicht ausgeschlossen, und so wurde der im Wiener Arbeiterbezirk Favoriten aufgewachsene Sindelar sofort zu einem nachhabsburgischen Mythos. Friedrich Torberg verewigte ihn in seinem Gedicht *Auf den Tod eines Fußballspielers*: „Er spielte Fußball wie kein zweiter, / er stak voll Witz und Phantasie. / Er spielte lässig, leicht und heiter. / Er spielte stets. Er kämpfte nie."

Softies

Während Altmachos wie Udo Jürgens („Männer sind Bäume, Frauen sind Blumen") vom sich wandelnden Verhältnis der Geschlechter nichts wissen wollen, begannen vorausblickende Männer frühzeitig, sich den Anforderungen des Feminismus zu stellen, und mutierten zu „Softies". Sie wurden sensibel („Du, ich versteh' dich"), halfen bisweilen in der Küche mit und schämten sich ihrer Tränen nicht länger. Ob ihnen das weitergeholfen hat, ist schwer zu sagen. Dann jedoch kam der Postfeminismus: Frank Verlaat, dem rehäugigen Libero, jedenfalls gefiel es Anfang '97 überhaupt nicht, von einem Stuttgarter Journalisten als „Softie" bezeichnet zu werden. Und wie reagierte der sanfte Holländer? Er riß dem Schreiberling das edle Brillenmodell von der Nase und zertrat es mit seinen groben Kickstiefeln. Ein Fall für den Sportpsychologen. Softdrinks übrigens erfreuen sich ungebrochenen Zuspruchs.

Sonntagsschuß

Die Kugel aus dreißig Metern ansatzlos ins Dreieck donnern. Ist bildlich gemeint, kann folglich freitags, dienstags oder buß-und-bettags glücken.

Spargel-Tarzan

Rief man den schmächtigen Hannes Bongartz, als er im Schalker und Lauterer Mittelfeld wirbelte. Als Trainer legte er an Gewicht zu, die Erfolge nahmen hingegen eher ab.

Sparwasser, Jürgen

Bundesrepublikanischer Alptraum. Schoß am 22. Juni 1974 im WM-Spiel BRD gegen DDR das unfaßbare Siegtor für den Sozialismus. Schlug danach, das Hamburger Publikum verhöhnend, einen Purzelbaum. Und dann die Sache mit Günter Guillaume und Willy Brandt – im selben Jahr! Erich Loest, der sächsische Autor, hat das Ereignis in seinem Kriminalroman *Rotes Elfenbein* (1976) verarbeitet: „Unten umdrängten Fotografen den lachenden Sparwasser, die DDR-Kolonie sang: ‚So ein Tag so wunderschön wie heute', ein Showmaster erfand den Slogan: ‚Die bundesdeutschen Fußballer kochen auch nur mit Sparwasser', und die Journalisten notierten: Sieger der WM-Gruppe 1 war die DDR vor der Bundesrepublik, wer hätte das gedacht!" Treuhand, Abwickeln, Vera Lengsfeld, der Tod des Ampelmännchens – kam alles viel später.

Spaßfeindlich

Ist Jürgen Klinsmann seinen Biographen Mary Thürmer und Markus Götting zufolge nicht: „Zigaretten würde er jedenfalls niemals anpreisen, sowenig wie Alkohol, wenngleich er einer gelegentlichen Sause auch nicht spaßfeindlich abgeneigt ist."

Spazieren

Obschon der Ballsport immer schneller wird, hält sich dieses Verb. Meist in Wendungen wie „Elber spaziert durch die Kölner Abwehrreihen". Wäre mit „flanieren", „stolzieren" oder „lustwandeln" ein alberner Satz.

Spielkultur

Gepflegte, von technischen Elementen bestimmte Spielweise. Wie fast alle Zusammensetzungen mit „Kultur" nicht mehr en vogue (Ausnahme: „Streitkultur", das klingt sozialdemokratisch zivilisiert), oder sagen Sie noch „Kulturbeutel" zu der sackartigen Tasche, in die Sie vor Antritt einer Reise Zahnbürste und Kondome mit Lakritzgeschmack reinwerfen?

Spielrausch

In selbigen gerät eine Mannschaft, wenn sie nicht mehr an sich halten kann, Karlsruhe heißt und die Spieler verschüttete oder ungeahnte Tugenden hervorholen, diese alle auf einmal zeigen und zum Beispiel den FC Valencia im UEFA-Cup '93/94 mit 7:0 nach Hause schicken.

Spitze, hängende

Eine eher ungeliebte Erscheinung im Sturmgeschehen. Keiner, der richtig vorne reingeht, kein Brecher und Reißer. Technisch zwar meist beschlagen, doch alles so halbherzig und auch sprachlich schief.

Spucken

Ist unter Männern verpönt und löst oft unkontrollierte Reaktionen aus. Berühmte Fälle: das Speichelattentat des Niederländers Frank Rijkaard gegen Rudi Völler (→ Ja, gut) bei der WM '90 oder die feuchte Salve, die Otto „Maximal" Baric, Trainer von Casino Salzburg, Frankfurter Spielern im UEFA-Cup '94/95 entgegenschleuderte. Und wie sieht das der Sportpsychologe? Heinz-Georg Rupp meint: „Mit dem Rauskotzen soll eine Botschaft vermittelt werden, eine Selbstermutigung: Ich bin nicht blockiert!" Alles verstehen heißt alles verzeihen.

St. Pölten

Landeshauptstadt Niederösterreichs, wo Franz „Bimbo" Binder, der „Mann der 1000 Tore", geboren wurde und wo der begnadete argentinische Stürmer Mario Kempes unwürdigerweise seine Karriere beendete, frei nach dem Motto des Regisseurs Peter Patzak (*Kottan ermittelt*): „Wenn du stirbst, bist du nicht wirklich tot; du gehst nur nach St. Pölten." Die Sängerin Lolita, die eigentlich Edith Ditta Zuser heißt und so ergreifende Lieder wie *Seemann, deine Heimat ist das Meer* sang, kommt auch aus St. Pölten. Apropos Lolita: Der Romancier Vladimir Nabokov war in Cambridger Studientagen als Torhüter aktiv – wenn auch auf eher unkonventionelle Weise: „Ich war weniger Hüter eines Fußballtores als Hüter eines Geheimnisses. Während ich mich mit verschränkten Armen an den linken Torpfosten lehnte, genoß ich den Luxus, meine Augen zu schließen, und so lauschte ich dem Pochen meines Herzens, fühlte den blinden Nieselregen auf meinem Gesicht, hörte in der Ferne den gebrochenen Lärm des Spiels und dachte an mich wie an ein sagenhaftes exotisches Wesen, das, verkleidet als englischer Fußballspieler, in einer Sprache, die niemand verstand, Verse über ein entlegenes Land dichtete, das niemand kannte." Und Lolita Morena? Wer darüber mehr erfahren möchte, lese unter → Matthäus, Lothar weiter.

Standardsituation

Lieblingsbegriff von Reportern, die ihre strukturelle Beobachtungskompetenz kundtun wollen. Meint Gefahr, die naht, wenn der Ball ruht (Freistöße, Elfmeter, Eckstöße usw.). Mittlerweile geht sogar Heribert Faßbender auf Distanz und spricht von den „sogenannten" Standardsituationen; die bei den Privaten sind wie immer chicer und sagen „Standards". Nebenbei bemerkt: Besteht nicht das ganze Leben aus solchen?

Star

Ist laut Berti Vogts, Otto Rehhagel und anderen „die Mannschaft". Was aber tun, wenn die auf den Namen KFC Uerdingen, Sportfreunde Gellmersbach oder Union Solingen hört?

Staubsauger

Vor den Abwehrspielern agierende Vielzweckwaffe, die des Gegners Aktionen brüsk unterbindet und alles einsammelt, was sich ihr in den Weg stellt.

Stehgeiger

Heißen österreichische Kicker, wenn sie spielen, wie sie eben spielen.

Steil

Damit lassen sich ausgesprochen rhythmische Sätze bilden. Einer „geht" steil, ein anderer „schickt" einen ganz anderen steil. Hier freilich droht Gefahr, und Ball oder Paß erweisen sich bisweilen als „zu steil".

Steilmann, Britta

Klasse Medienerscheinung. Tochter des Wattenscheid-09-Präsidenten Klaus Steilmann. Unternehmerin. Öko-Designerin. Kurzzeitig im Vorstand von Papas Klub. Dann weg vom Fenster. Wie Papas Klub.

Stein, Uli

Der alte Mann im Tor. Immer für einen Aussetzer gut. Aber trotzdem: gehört zu den besten Keepern, die die Bundesliga je hatte.

Steinbrecher, Michael

Naßforscher Bubi mit superchicen Schlotterwestchen, der das „Aktuelle Sportstudio" moderieren darf. Kommt sich hypercool und so was von locker vor. Kennt keine Angst vor großen Namen, stellt hyperprovokative Fragen und ist immer gut drauf. Manchmal auch nachdenklich. Wurde im ZDF-Auftrag auch auf Anthony Quinn, Iris Berben (Frage à la Steinbrecher: „Die Wüste – ist das mehr Freiheit oder mehr Tod?") und Jane Fonda losgelassen.

Stellungsspiel

Ausgesprochen wichtig. Zu sein, wo der Gegner erst hinmöchte oder wo der Ball wahrscheinlich hinkommt, zeichnet den intelligenten Spieler aus. Der Stellungen selbst gibt es zahl- und variantenreiche, siehe vertiefend dazu Janett Reinstädler, *Stellungsspiele* (1996).

Stiles, Nobby

Unerschrockener englischer Abwehrspieler in den Sechzigern. Sohn eines Totengräbers. Pflegte ohne Gebiß aufzulaufen.

Stinkefinger

Seit Stefan Effenbergs Einsatz bei der WM 1994, Tatort Dallas, beliebtes Grußzeichen unter Autofahrern (macht laut ADAC DM 2200,– Bußgeld) und Schulkindern. Auch von starken Frauen im Geschlechterkampf eingesetzt. Von der älteren Generation (Egidius Braun, Christa Wolf, Peter Alexander u. a.) mit Zurückhaltung aufgenommen.

Stockfehler

Machten früher Eishockeycracks wie Erich Kühnhackl und Alois Schloder, heute unterlaufen sie auch Thomas Berthold und Bernd Hollerbach.

Sträflich

Dient als adverbiale Verstärkung in Fügungen wie „sträflich freistehend" oder „sträflich ungedeckt". Zeugt von ungenügendem Abwehrverhalten.

Strafraum-Melancholiker

Als ein solcher gilt Freiburgs Stürmer Uwe Spies (Abischnitt: 1,2), dem es beim Abschluß oft am nötigen „Biß" mangelte. Folgerichtig beginnt Gottfried Benns Melancholie-Gedicht *Valse triste* mit der für Freiburg prognostischen Zeile: „Verfeinerung, Abstieg, Trauer".

Straßenfußballer

Die – ein gern bemühter kulturpessimistischer Topos – spielen nur noch auf den holprigen Feldern der Erinnerung. Keine Tritte mehr gegen verbeulte Dosen, keine Bälle, die Muttern abends beim Schein der Petroleumlampe aus Wollfetzen formt. Und der VW-Käfer wird auch nicht mehr gebaut. Wo gibt es noch Schellackplatten zu kaufen? Und warum fahren so wenige noch Draisine?

Strudel

Apfel-, Topfen-, Abstiegs-. Großartige deutsche Sprache!

Stürmer

Lassen wir den Soziologen Heinrich Väth sprechen: „Die Aufgabe des Stürmers, Tore zu schießen, ist am schwierigsten, zugleich aber auch besonders spannend und aufregend. ... Da erst durch Tore die Anstrengungen der Mitspieler ihren Wert erhalten, gilt der Spieler in der Spielökonomie als produktivster Akteur." Gerd Müller, der unerreichte Goalgetter, besang diesen Tatbestand – „Alles Große entsteht im Sturm" (Platon) – in seinem gleichfalls unerreichten Lied *Dann macht es bumm* so: „Alle passen schrecklich auf, / Tore sind das Ziel". Müllers Erfolg lag vermutlich in seiner Ernährung begründet: „Marmorkuchen, den ich sehr gern esse, bäckt meine Frau, sooft ich Appetit darauf habe." Torwart Dieter Burdenski wies zu Recht darauf hin, daß das Leben nicht nur „Sahnestücke", sondern auch „harten Butterkuchen" bereithalte.

Südafrika

Hat früher keinen Hund hinter dem Ofen hervorgelockt. Ja, gewiß die Barfußlangstrecklerin Zola Budd hat uns imponiert (wie Howard Carpendale), und daß wir im Kampf gegen die uneinsichtigen Buren Seite an Seite mit Nelson Mandela stritten, verstand sich von selbst. Doch sonst? Erst seitdem hilfreiche Geister in Bonner Ministerien es ermöglichten, den südafrikanischen Torjäger Sean Dundee über Nacht zum urdeutschen Staatsbürger zu machen, sehen wir gerne Homestorys aus Johannesburg oder Kapstadt. Nette Gegend dort, aber auf Dauer wäre das ohnehin nichts für unseren Sean gewesen.

Super-Mario

Dem gleichnamigen Nintendo-Spiel entlehnte Bezeichnung für Mario Basler, den genialsten Fußballer, den Deutschland Mitte der Neunziger besitzt. Aber. Jedoch. Hingegen. Indessen. Wir bleiben dabei; allerdings muß sich der allmählich auch auf die Dreißig zugehende Mario ranhalten; sonst rückt er in der zweiten Auflage dieses Buches unter „Talente, ewige".

System

Art der Spielführung, mit der Ordnung ins Ungeordnete kommen soll. Vom archaischen 0-1-9-System über das WM-System, den Kommunismus, das 4-2-4- oder das 4-3-3-System bis hin zum 1-2-5-2 gibt es allerlei Systeme. Bei manchen Mannschaften ist beim besten Willen kein System zu erkennen. Für alle gilt, daß Systeme der „Reduktion von Komplexität" (Niklas Luhmann) dienen.

T

Tadellos

Ist ein Sportsmann, wenn er wie Uwe Seeler ist, gegen den, wie gegen Fritz Walter, nicht einmal böse Menschen etwas sagen können. „Uns Uwe" blieb auch im Erfolg stets auf dem Boden der Natürlichkeit, im Gegensatz zu Franz → Beckenbauer begab er sich nicht demonstrativ in Arenen der Hochkultur, und Schweiß und Schmutz mied er in keinem Spiel. Er gab stets, was hochbezahlte Reporter am lautesten einfordern: Einsatz fürs Geld. Uwe ließ sich 1966 nicht einmal von einem Uruguayer provozieren, der vom Platz geflogen war und ihn auf dem Weg in die Kabine ohrfeigte. Unser Held revanchierte sich nicht, hielt biblisch die andere Wange hin. Oder nach dem Endspiel (→ Wembley-Tor): Uwes gebeugtes Wanken hinaus, vom ungerechten Schicksal gezeichnet und trotzdem Größe zeigend. Einfach tadellos. Seeler heiratete eine Handballspielerin seines eigenen Vereins Hamburger SV, den er trotz aller verlockenden Auslandsangebote nie verließ, und zeugte drei Töchter. Ließ sich sogar, als es dem HSV unter Trainer Möhlmann dreckig ging, in die Präsidentenpflicht nehmen. Die Ehefrauen von Fritz Walter und Uwe Seeler heißen Italia und Ilka. Auch das eine angenehme phonetische Nähe.

Taktik

Von ihr sind Spiele geprägt, bei denen man den Fernseher aus dem Fenster werfen möchte. Niemand hört auf Siggi Held: „Man kann taktisch niemanden mehr überraschen. Es sei denn, ich würde mit neun Spielern antreten."

Talente, ewige

Davon können manche ein Lied singen. Der Profisport ist grausam wie ein Horrorfilm, und so trügt oft die Hoffnung, die der junge Mensch, das Kind, in sich zu tragen scheint. Denken wir mal an die eigene Schulzeit: Gab es nicht auch in der eigenen Klasse kluge, verständige Mitschüler, deren wacher Gesichtsausdruck uns verhieß: ‚Aus mir wird etwas. Ich werde meinen Weg gehen'? Und dann, zwanzig, dreißig Jahre später, beim Klassentreffen sehen wir schmerbäuchige Gestalten vor uns, die sich mit einer Versicherungsagentur in Radebeul oder „freiberuflich" in Ludwigshafen über Wasser halten, ein paar ungezogene Kinder und eine Gemahlin zum Gotterbarmen vorzeigen. Das ist aus jenen geworden, die einst in linearer Optimierung, Vektorrechnung oder bei der Erörterung des Themas „Wer Bücher verbrennt, verbrennt auch Menschen" glänzten. So, liebe Fußballprofis, kann es euch auch ergehen, wenn ihr den Verführungen des Lebens und den Einflüsterungen → blonder Mädchen Gehör schenkt. Als 19- und 20jährige werdet ihr hoch gehandelt, man prophezeit euch eine baldige Länderspielkarriere, einen Vertrag bei Inter Mailand und eine Lebensgefährtin wie Nadja Auermann. Und dann warten wir alle, daß aus euch etwas wird, doch mehr als durchschnittliche Bundesligaspiele, als ein paar Alibieinsätze in der Nationalelf wollen euch nicht gelingen. Und weil das Leben kurz ist, seid ihr bald dreißig, werdet nachlässig beim Training und sehnt euch danach, die Karriere in Luzern, Sapporo oder Graz ausklingen zu lassen, um wenigstens ein letztesmal abzusahnen. Wenn ihr es soweit gebracht habt, dann zählen euch die Historiographen des Fußballs zu den ewigen Talenten, zu Keimen, die nie zur Frucht wurden, die sie in sich trugen. Und um etwas konkreter zu werden: Wollt ihr werden wie Michael Sternkopf, Hansi Müller, Mehmet Scholl, Michael Anicic, Wolfram Wuttke, Michael Kostner, Ludwig Kögl, Gerhard Poschner, Herbert Waas, Christian Hausmann, Gunnar Sauer oder Maurizio Gaudino? Überlegt es euch, und dann nichts wie raus zum Sondertraining mit Egon → Coordes.

Talisman

Wo man Sport treibt, ist der Aberglaube nicht weit. Ungezählt sind die den Fußball beherrschenden Rituale, die die Angst nehmen sollen: vor dem entscheidenden Abstiegskampf und, weiter gedacht, vor der unmittelbaren Konfrontation mit dem Transzendenten (→ Religion). So kennen wir an Talismanen Lothar Sippels Pfennig im rechten Schienbeinschoner, Stefan Effenbergs roten Plüschteufel, Norbert Nigburs Vatikanandenken („Offenbach hätte dreinull gewonnen, wenn ich nicht ein Papstbild in der Tasche gehabt hätte") oder Jürgen Kohlers Ring am kleinen Finger. Toni Polster geht stets als drittletzter auf den Platz, Maurizio Gaudino vertilgt eine Banane zum Frühstück, und Martin Dahlin bandagiert seine kostbaren Fußgelenke stets in der gleichen Reihenfolge. Weit ist, wie man sieht, die Aufklärung auch nach zweihundert Jahren nicht vorangekommen, doch eingedenk der ungehemmten Schauspiele von Magie, Zauberei und Beschwörung, wie sie in anderen Kontinenten herrschen, sollte man ein Auge zudrücken. Obwohl: Wurden die Brasilianer nicht mehrfacher Weltmeister, weil sie seinerzeit den Wunderheiler Américo, die „Schwarze Kuh", in ihren Reihen wußten? Und wie steht es um den Wiederaufstieg der Bielefelder Arminia 1996 und das im gleichen Jahr in einem Bielefelder Verlag erschienene *Gummibärchen-Orakel* von Dietmar Bittrich?

Tasmania 1900 Berlin

Super Truppe, dessen Spieler Herbert Finken, so die Sage, seine Gegner mit den Worten: „Mein Name ist Finken, und du wirst gleich hinken" begrüßte. Dennoch durfte der Klub nur ein Jahr lang, 1965/66, in der Bundesliga mitspielen. 8:60 Punkte, 15:108 Tore, das muß erst einmal einer nachmachen.

Teenie-Idole

Gibt es, Gott sei's geklagt, nun auch in der Bundesliga. Lars Ricken, Sean Dundee, Mehmet Scholl („geballte Erotik", er über sich) und wie die Buben sonst heißen.

Telefon

Kommunikationsmittel, das zu benutzen unbeliebten Schiedsrichtern empfohlen wird. Damit sie Futter für ihre Blindenhunde nachordern können. Ben Harder schrieb sogar einen Roman mit dem Titel *Schiedsrichter ans Telefon.*

Terrier

Nannte man früher Berti → Vogts. Welche Fußballer werden heute noch mit Hunden verglichen? Geht irgendwie nicht mehr: Zwergpudel Häßler? Golden Retreaver Basler? Dalmatiner Bäron? Höchstens mit „Windhund" ließe sich hin und wieder sprachlich arbeiten. Siehe aber auch → Harte Hunde. Und die Gladbacher Fohlen ... ja, ich weiß, das sind keine Hunde, aber wenigstens Tiere, die gleich zur Mannschaftsmetapher wurden, das macht doch nachdenklich. Die „Geißböcke" und die „Zebras" gehören nicht hierher. Und je länger man sinniert: die „Kobra" Jürgen Wegmann, die „Spinne" Michallek, die „Ente" Lippens, der „Bulle“ Roth, die „mighty mouse“ Kevin Keegan, die „Giraffe“ Jackie Charlton …

Textilvergehen

Sagen Reporter aus besserem Haus, wenn einer einen an der Hose oder am Trikot (früher: Leibchen) packt. Gilt als elegantes Foul (→ Beckenbauer, Franz), das freilich nicht so recht zum Fußball paßt. Wird deshalb genauso hart wie gemeines Beintreten u.ä. bestraft. Wie Claus Melchior richtig bemerkt, werden die „braunen Heimtrikots des FC St. Pauli“ noch nicht zu den Textilvergehen gerechnet.

Thomas, Carmen

Journalistin des Westdeutschen Rundfunks, der ein Versprecher – „Schalke 05“ – einst viel Häme und Leid eintrug. War als Moderatorin im „Aktuellen Sportstudio“ gegen den geballten Männerzorn nicht länger zu halten. Wandte sich konsequenterweise anderen Themen zu, schrieb Bestseller über den „besonderen Saft“ Urin. Im „Sportstudio“ blieben auch nach ihr Frauen ohne Fortüne (Doris Papperitz, Christine Reinhart u.a.) Da loben wir uns mal wieder „ran“, wo eine wie Gaby Papenburg bleiben darf, egal, was sie sagt. SAT.1, die tun was.

Thomforde, Klaus

Torwartidol, gelernter Finanzbeamter. Nur bei St. Pauli denkbar. Wartet mit innovativer Gestik und Mimik auf, als sei permanent eine fachärztliche Behandlung erforderlich. Wurde von Walter → Jens in dessen Wunschelf für die Europameisterschaft ’96 berufen. Siehe auch → Sex.

Tick

Nein, nein, von den liebenswerten Schrullen und Marotten unserer Fußballhelden soll hier nicht gesprochen werden. Auch nicht von Donald Ducks nicht minder liebenswerten Neffen Trick, Tick und Track. Vielmehr von Spielern, die den „berühmten Tick schneller“ waren als andere Spieler, dadurch den Ball erlangten und tolle Dinge machten wie Tore schießen, Tore verhindern und ähnliches.

Todesstrafe

In vielen Ländern verboten. Die anderen versuchen, dieses Manko symbolisch wettzumachen – durch die Rote Karte etwa, wie der leider in Vergessenheit geratene Dichter Manfred Hausmann 1960 bei der Festansprache des Deutschen Fußball-Bundes ausführte: „Der Feldverweis ist nicht nur eine sehr harte, sondern überhaupt die härteste Strafe, die sich denken läßt. Sieht man sich nach einer Entsprechung in der sonstigen Welt um, dann muß man schon, es hilft nichts, die Todesstrafe heranziehen ... Ein Feldverweis kann nicht widerrufen werden. Es gibt keine Begnadigung, tot ist tot, verwiesen ist verwiesen. Der Abscheu der Regel vor jeder gewollten Roheit kommt aus solchen Tiefen und ist so entschieden, daß sie keinen Augenblick zögert, den Rohling auszumerzen. Wer versucht, das Spiel zu töten, soll selbst ‚getötet', das heißt, aus dem Lebens- und Ordnungsbereich des Spiels entfernt werden." Ein Mann sieht rot.

Töpperwien, Sabine

Erste Frau, die → live von einem Bundesligaspiel der Männer reportieren durfte. Was die Möglichkeit gibt, keine Zeile über ihren Bruder, das Fernsehhonigkuchenpferd Rolf, zu verlieren.

Tore

Fallen „vorne" (Jürgen Sundermann). Oder mit Peter Handke zu sprechen: „Das Ziel bilden die Tore, genauer gesagt, der Raum hinter der Grenzlinie, bei deren Überschreitung durch den Ball mit seinem ganzen Volumen [!] das Tor erzielt ist." Verstanden, Herr → Bachramow?

Torjubel

Eigentlich eine klare Sache, so der Konsens unter Soziologen: „Eine gesteigerte Form von Spielfreude erlebt die

Mannschaft, und in besonderer Weise der erfolgreiche Spieler, im Augenblick des Torerfolges." (Heinrich Väth) Ihm wurde früher meist dezent Ausdruck verliehen. Spieler sprangen einen Viertelmeter hoch, rissen die Arme gebührend in die Höhe, lachten und ließen sich von ihren gleichfalls erfreuten Mitspieler kurz in den Arm nehmen. Dann kam der Zeitgeist und mit ihm beispielsweise die hundsordinäre Kuntz-Säge, das Besteigen des Fanzauns („Gittersturm"), das lambadabeseelte Unterleibwackeln vor Eckfahnen, das hemmungslose Aufeinanderliegen und Balgen (→ Sex), die „Lokomotive", die „Raupe", das „Diven", die Becker-Faust. Wo ist die natürliche Freude geblieben?

Torraub

Österreichischer Spezialausdruck, den außerhalb der Landesgrenzen niemand versteht. Meint den unsportlichen Akt, ein fast sicheres Tor durch ein rechtzeitiges Foulspiel zu verhindern. Mit der → Notbremse zu vergleichen. Die Torräuber lassen bitten.

Torschrei

Bleibt bisweilen im Halse stecken oder erstirbt auf den Lippen.

Toten Hosen, die

Musikgruppe, die permanent behauptet, sich für etwas wie Fortuna Düsseldorf zu begeistern. Womit Künstler heutzutage meinen sich interessant machen zu müssen …

Träger

Leistungs-, Wasser-, Hosen-. Die Antiklimax.

Tragik

Muß im Fußball mit besonderem Maßstab beurteilt werden. So schrieb „Bild" am 5. 11. 1990: „Zur tragischen Figur wurde Dresdens Sergio Alievi. Erst erfuhr der Ex-Lauterer vom Tod seines Vaters, dann traf er nur die Latte."

Trainerfrauen

Gewannen im Zeitalter der Emanzipation an Bedeutung. Gute Trainer hören auf sie. Renommierteste Vertreterinnen: Helma Feldkamp, Beate Rehhagel, Hiltrud Schröder.

Trickkiste

Wenn die ausgepackt wird, sehen die Verteidiger alt aus.

Trillerpfeife

Dringend benötigtes Handwerkszeug des Schiedsrichters. Am schönsten beschrieben von Dieter Pauly in seiner Autobiographie (ja, wirklich) *Abpfiff*: „Seit der Europameisterschaft 1984 in Frankreich bevorzugte ich eine französische Polizeipfeife aus Metall, die auch vom Mundstück her sehr angenehm war. Sie hat in meinen Ohren einen außerordentlich durchdringenden Pfeifton und kann auch in der Hitze des Gefechts nicht zerbissen werden ... Erst unmittelbar vor Spielbeginn reinigte ich meine Pfeife mit Wasser. Auf diese Weise kam auch die Korkkugel mit Wasser in Berührung, wodurch sie noch schöner trillerte. Diese gewissenhafte Vorbereitung sorgte dafür, daß ich noch nie während des Spiels ohne Ton war."

Tschenscher, Kurt

Mannheimer Schiedsrichter, dem es vergönnt war, am 31. 5. 1970 im WM-Spiel Mexiko gegen UdSSR die erste internationale Gelbe Karte zu zeigen. Und zwar dem Russen Lowchew, was diesem und Kurt Tschenscher zu einer Erwähnung in diesem Lexikon verhilft.

Tückisch

Heißt der „Aufsetzer", der flache Schuß, der fatalerweise kurz vor dem sich werfenden Schlußmann (→ Pannen-Olli) den Rasen touchiert, aufspringt und über den nun verzweifelten Schlußmann (→ Pannen-Olli) ins Tor flutscht. Tückisch.

Turbo

Kurz für Turbolader, was eine mit einer Abgasturbine arbeitende Vorrichtung zum Aufladen eines Motors sein soll. Weil alle Männer neben Fußball und Frauen auch schnelle Autos lieben (wie geht es eigentlich Maurizio Gaudino?), hielt der Turbo Einzug in die Fußballsprache, was dazu führt, daß wir alle naselang hören, wie Anthony Yeboah, Carsten Jancker oder Andy Möller „ihren Turbo einschalten", d.h. furchtbar (antritts)schnell lossprinten und dem Gegenspieler die Rücklichter zeigen.

Turm in der Schlacht

In dieser Funktion machen sich Abwehrspieler unersetzlich, die sich von keiner Angriffswelle des Gegners aus der Ruhe bringen lassen. Hauen alles weg. Behalten kühlen Kopf. Den Berliner Uwe Kliemann nannte man gar „Funkturm".

U

Überhaupt nicht berührt

Haben die Sünder ihre Opfer. Sondern immer nur den Ball gespielt. Beliebt in diesem Zusammenhang auch der Hinweis, daß hier Fußball und nicht Nonnenpingpong oder Heilsarmeeschach gespielt werde. Stichwortgeber war wohl Klaus Lage: „Tausendmal berührt, tausendmal ist nichts passiert."

Übermensch

In popularisierter Form von Nietzsches Philosophie der Inbegriff des starken und kraftvollen Menschen. Von den Deutschen später allzu wörtlich und konkret genommen. Nach dem Zweiten Weltkrieg wollte man davon nichts mehr wissen und gab sich bescheiden. Kurt Feltz dichtete 1948 den *Theodor im Fußballtor*, in dem es programmatisch heißt: „Du bist kein Übermensch, / du bist kein Untermensch, / du bist ein Sportsmann, / und du hast deinen Sportverein.“ Raus aus der NSDAP, rein in den Fußballklub. Der „totale Ideologieverdacht“ (Hans Mayer) galt überall. Bis nach der WM ’54 (→ Wankdorf). Heutzutage, da alle Utopien verblichen sind, waltet der pure Opportunismus: „Ich spiele alle Systeme.“ (Uli Borowka)

UEFA-Cup

Ist einem vorlauten Diktum Franz Beckenbauers zufolge der Cup der „Verlierer“. Wurde von ihm später, als 1995/96 seine Bayern wenigstens in diesem Wettbewerb Erfolg hatten, in „Cup der Enttäuschten“ korrigiert.

Unabsteigbar

Die Reize Bochums (mit langem „o“ zu sprechen) sind überschaubar: Herbert Grönemeyer (der in der Jugend bei Viktoria Bochum kickte), gewiß, das Schauspielhaus, die schön gelegene Ruhr-Universität und – natürlich – der VfL. Viele lange Jahre durften die bei den Großen in der Bundesliga mitspielen, galten, bevor sich Uerdingen in dieser Hinsicht aufdrängte, als Underdogs. Benatelli, Abel, Zumdick oder Wegmann hießen die, die da spielten. Wie schlecht es den Bochumern auch erging, sie wollten und wollten nicht absteigen, auch nicht 1986, als Claus Peymann und Rolf Schafstall gleichzeitig die Stadt verließen. Bis 1993, als das Schicksal seinen nicht ungerechten Lauf nahm und die angstgeschüttelten Fans das Wort von den „Unabsteigbaren“ kreierten. Doch wie überall: Wenn das Magische erst einmal benannt ist, verliert es seine Kraft. Prompt stiegen die Unabsteigbaren erstmals ab, und der Glaube an die linguistische Gerechtigkeit bekam kurzzeitig Auftrieb. Denn bei „unabsteigbar“ geschah, was eigentlich nicht geschehen darf. Blicken wir in die Fachliteratur, in Johannes Erbens *Einführung in die deutsche Wortbildungslehre* etwa: Das passivische *bar*-Anhängsel gehört zu transitiven Verben, zu solchen, die ein direktes Objekt nach sich ziehen dürfen. Was man sich also vorstellen kann, ist vorstellbar, und mit essen, trinken oder lesen funktioniert das genauso. Auch mit „hören“, wenn auch vielleicht nicht als „Durchhörbarkeit“, wie in einer Konzertkritik der „Leipziger Volkszeitung“ zu lesen stand. Die Ausnahmen retten da nichts, die „unsinkbare“ Titanic zum Beispiel. Diese ist, vermutlich deshalb, sehr wohl gesunken. Also aufgepaßt, Bochumer, in Zukunft keine sprachlichen Ungenauigkeiten im Abstiegskampf!

Vergleiche zu diesem Suffix-Problem auch den Soziologen Gert Hortleder, der den Fußballplatz als einen der „letzten Orte“ sieht, „an dem unwiederholbare Auseinandersetzungen stattfinden“. Sauber gebildet, stilistisch aber auch nur „3 minus“.

Unforced errors

Tennisausdruck für Punktverluste, die nicht dem Können des Gegners, sondern der eigenen Blödheit zuzuschreiben sind. Wir warten darauf, bis ein Faßbender oder Wontorra auf die Idee verfällt, bei Klinsmanns Ballverstolperern oder Franz Wohlfahrts Hosenträgern von „unforced errors“ dampfzuplaudern.

Unruheherd

Etymologen, bitte, helft weiter! Woher rührt dieser (mitunter auch in der Politik verwendete) Ausdruck für quirlige, aufgeweckte Stürmer, die eine Abwehr nie zur Ruhe kommen lassen? Warum gerade „Herd“? Weil der immer heiß und gefährlich ist und die Flammen im Ofen früher „unruhig“ züngelten?

Unterschätzen

Sollte man nie einen Gegner, auch wenn der „auf dem Papier“ viel schlechter dasteht. Verliert dann noch ein Goliath gegen einen David, so pflegen Reporter zu fragen, ob ersterer letzteren nicht doch „unterschätzt“ habe, vielleicht „im Unterbewußtsein“. Trainer verneinen dies stets. Irgendwann wollen wir mal als Antwort hören: „Klar, wir haben uns die ganze Woche über unseren nächsten Gegner totgelacht. Diese Flaschen packen wir mit links, haben wir gesagt, die kriegen eins auf den Sack, da brauchen wir erst gar nicht zu trainieren."

Unterwürfigkeit

Als Eigenschaft der menschlichen Natur läßt sie sich am besten studieren, wenn Franz Beckenbauer im deutschen Fernsehen interviewt wird, nicht wahr, Herr Jauch?

V

Valencia, Adolfo

Kolumbianischer Nationalstürmer, der eine Zeitlang sein Glück beim FC Bayern versuchte. Man nannte ihn „el tren", den Zug. Doch der fuhr rasch nach nirgendwo, ein Schicksal, das er mit vielen prominenten Neuzugängen der Münchner teilt.

Verarbeiten

Muß man heutzutage in der Hektik der Spieltage mancherlei. Am besten früh anfangen, so wie Karlsruhes Winfried Schäfer: „Ich verarbeite das Spiel schon während des Spiels." Daß das so einfach geht, hätten die Mitscherlichs nie gedacht. Da ist Volker Finke, Freiburgs Fußballpädagoge, aus anderem Holz: „Wenn ich ausscheide, muß ich doch erst einmal abtrauern, das dauert doch." Abtrauern ... stark.

Vereinsnamen

Können etwas sehr Schönes sein, wenn sie nicht gerade simpel wie „FC", „VfB" oder „SV" gestrickt sind. Wir denken etwa an Wormatia Worms, Aktivist Schwarze Pumpe, Rapide Wedding, Erzgebirge Aue, Turngemeinde Heilbronn, Hindenburg Allenstein oder Röchling Völklingen.

Verfrüht

Ist ärgerlicherweise manchmal der Torjubel.

Verheiratet

Sollten Fußballer sein, wenn es nach Otto Rehhagel geht: „Einer, der verheiratet ist und abends bei seiner Familie ist, der ist ausgeglichen und ruhig." Deswegen tun sich Länder mit Vielehe bei Weltmeisterschaften so schwer.

Verhungern

Lassen Mitspieler manchmal Mitspieler. Letztere stehen dann auf der Spielfeldseite herum, wo absolut nichts los ist und kein Ball hinkommt, sosehr sie auch winken und rufen mögen.

Verrückt

„Halten Sie mich für verrückt, halten Sie mich für übergeschnappt", trompetete Herbert Zimmermann '54 seine Berner Siegesfreude ins Mikrophon. Vierundzwanzig Jahre später (→ Cordoba) erwiderte sein österreichischer Kollege Edi Finger: „I werd narrisch!" Literaturwissenschaftler nennen das Intertextualität.

Versitzplatzung

Bedeutet: keine Stehwälle mehr in den Stadion, statt dessen überall gesäßunfreundliche Plastikschalensitze in Pastellfarben. Dagegen wehren sich die wahren Fans (Motto: „Sitzen ist für 'n Arsch"), zum Beispiel auf dem „1. Bundesweiten Fußball-Fanzine-Festival", das vom 9. bis 11. August 1996 in Oer-Erkenschwick stattfand, im Salvador-Allende-Haus, das auch über „Grill- und Bolzplatz (bringt Sportzeugs mit), Sauna und eigene Kneipe, Kicker und Billard, Fernsehen und Video" verfügt.

Vertändeln

Über was für ausdrucksstarke Verben das Deutsche verfügt. Nach Tanz und Tand, luftig, leicht, locker klingt es in den

Ohren, bis sie darin gellen, die Pfiffe der Zuschauer, wenn der Ball wieder, in aussichtsreicher Position, kurz vor dem Strafraum unnötig, völlig unnötig verloren, verspielt, vertändelt wurde.

Verwöhnt

Sind in der Regel alle jungen Profispieler (→ Satt), die nach einem gelungenem Spiel bereits als Star gehandelt werden. Nach dem Krieg war das anders, heute hingegen nur „überzogenes" Anspruchsdenken, Freizeitpark undsofort. Wertkonservative lehnen das ab und warnen davor: „Ich glaube, einige Spieler würden am liebsten telefonisch trainieren und am Monatsende ihren Gehaltsscheck abholen." (Siegfried Held)

Viererkette

Ausputzer ist out, Libero auch, deshalb wollen alle, die etwas auf sich halten, Viererkette spielen. Ist aber schwierig, wie Trainer Jörg Berger erkannte: „Viererkette, Dreierkette, es gibt auch noch Perlenketten ... Ich lese jeden Tag was anderes. Ich sage, man soll immer das spielen, was man kann."

Virtuell

Beliebter Zeitgeistschnickschnack, der in geschriebener Rede was hermacht. „Virtuell" ist alles, was nicht ist, noch nicht ist, nicht mehr ist, aber doch sein könnte, irgendwie und irgendwann. Robert Musils Möglichkeitssinn hat ausgedient. Virtuelles ist schlichtweg allenthalben. Regine aus der Parallelklasse, die mir damals die kalte Schulter zeigte, war virtuell wohl stark an mir interessiert. Und wenn Steffi Grafs Return zwei Meter im Aus landet, war er virtuell auf der Linie. So wie Papa Graf ein virtueller Steuerzahler ist, Uli → Hoeneß ein virtueller Sympathieträger, Anna Ziegler eine virtuelle Gudrun Landgrebe, Gerhard Schröder ein ebensolcher Bundeskanzler. Beispiele kann jetzt ein jeder selber basteln. Norbert Bolz, dem vielseitig bewanderten

Design- und Philosophieprofessor (in Essen, klar), gelingt das fußballerisch mühelos: „Die Zuschauer kritisieren den Spieler, weil sie virtuell auch besser spielen können."

Vogts, Hans-Hubert

Berti. Zuerst die Fakten: Verteidiger aus Büttgen, „Wadenbeißer" (Klaus Toppmöller), technisch nur in der Grundausstattung lieferbar, deftig zur Sache gehend (→ Blutgrätsche). Dennoch unersetzlich, bei Borussia Mönchengladbach und in der Nationalelf, deren Farben er 96mal trug. Einmal, am 28. 2. 1976, glückte ihm beim 8:0-Sieg gegen das wiedererstarkte Malta ein Treffer. Seinen Länderspielabschied gab er – das sei nicht vergessen – 1978 in → Cordoba, wo er den Österreichern mit einem Selbsttor assistierte. Wie es beim Deutschen Fußball-Bund üblich ist, durfte sich Vogts dann als Jugendtrainer hocharbeiten und wurde dafür als Beckenbauer-Nachfolger 1990 Trainer des Nationalteams, inzwischen dank der großväterlichen Vor- und Fürsorge des Präsidenten Egidius Braun mit einem lebenslänglichen Anstellungsvertrag versehen. Vogts' Rezeptionsgeschichte ist mit der seines Freundes Helmut Kohl zu vergleichen. Anfänglich verspottet und nach dem jammervollen Ausscheiden bei der WM '94 massiv zum Rücktritt aufgefordert, gilt er nun als europaweit angesehener Staatsmann des Rasens, der über den Dingen steht und in Interviews huldvoll-gönnerhaft auftritt. Der glückliche Gewinn der Europameisterschaft '96 begünstigte diesen Wandel. Dennoch: Vogts ist, wenn wir an Cesar Luis Menotti, Rinus Michels oder Ernst Happel denken, eine vorrangig aus Sekundärtugenden bestehende Bundestrainersparversion. Er ist fleißig, bedächtig, diszipliniert, tier- und kinderlieb, konservativ, zuverlässig, heimatverbunden – einfach ein „guter Mann", wie seine Frau im Fernsehen preisgab. Eine solche Kombination kann – es geht schließlich nicht um den Vorsitz des Müttergenesungswerkes – auf Dauer unmöglich zufriedenstellen. Nach dem Betriebsunfall → Derwall, der zum Sonderfall → Beckenbauer führte, nun Vogts, jahrein, jahraus? Warum? Müssen wir erst in einer WM-Qualifikation scheitern, damit das anders wird?

Völlerei

Sagte man früher, wenn Rudi Völler zwei-, dreimal in einem Spiel traf.

Vom Feinsten

Wie alle hochgequirlten Larifariausdrücke sofort begierig von Fußballkommentatoren aufgegriffen. Und so hören wir andauernd: „ein Tor vom Feinsten", „ein Spielzug vom Feinsten" undsofort.

Vorbilder

Daran gebricht es unserer Gesellschaft. An allen Ecken und Enden. Der Nationalspieler indes hat unvermindert „Vorbildfunktion" (Effenberg, Basler, Illgner u. v. a.).

Vorstopper

„Ekelposition" (Norbert Seitz) in der Verteidigung. Von keinem Imageberater aufzuwerten. Vorstopper, die Vereitler (→ Sex), stehen im Ruf, feingliedrigen Stürmern unentwegt von hinten in den Beinen herumzustochern (→ Blutgrätsche) oder am Trikot zu ziehen. Wir erinnern an Georg Schwarzenbeck, Karl-Heinz Förster oder Helmut Rahner, den „sanften Sensenmann".

Vorteilsregel

Auch wenn kenntnisarme Reporter allsamstäglich das Gegenteil hinausposaunen: Eine „Vorteilsregel", die der gute Schiedsrichter „anwendet", gibt es nicht.

W

Wahrheiten

Sind im Fußball wie draußen im Leben meist ganz einfach. Siehe Sepp → Herberger oder Reinhard Umbach: „Fällt das ganze Spiel kein Tor, / steht ein 0:0 bevor."

Walser, Martin

Schriftsteller vom Bodensee. Schreibt Essays über den „leidend schönen und sich ums Tennisspielen überhaupt seriös Gedanken machenden Boris Becker" und konstatiert: „Sinnloser als Fußball ist nur noch eins: Nachdenken über Fußball." Danke für die Aufmunterung. Man sollte freilich mit dem Dichter nachsichtig sein: Wo schließlich wird am Schwäbischen Meer überzeugender Fußball geboten? Bei den Segelfreunden Überlingen? Bei den Wellengleitern Wasserburg? Im Droste-Haus?

Wankdorf

Stadion im schweizerischen Bern, wo Deutschland (→ Geschichte) am 4. Juli 1954 endlich wieder ein vollintegriertes Glied der Völkergemeinschaft wurde und es dadurch schaffte, das Wirtschaftswunder vollends durchzusetzen. Geschlagen wurde damals der favorisierte Ungar, dank Helmut Rahn, der es sich nicht nehmen ließ, dem Pusztasöhnen den Todesstoß zum 3:2 in der 84. Spielminute zu versetzen. Hören wir den Helden selbst: „... also, ich geh' rechts an den beiden Ungarn vorbei, leg' mir das Ding auf den linken Schluffen und hau' drauf, der Grosics macht sich ganz schön lang, aber an das Ding kommt er nicht mehr dran. Mann, war der sauer." Den Heimkehrern wurde ein triumphaler Empfang bereitet; der pfälzische Heimatdichter Max Braun Rühling reimte: „Rührt im Wirbel laut die Tromm! / Mannschaftskapitän Fritz Walter, / Altbewährter Spielgestalter – / Dir und jedem Titelhalter / Unser herzlicher Willkomm!"

Was sehn fürs Geld

Wollen die Zuschauer. Ist ihr gutes Recht. Haben schließlich die ganze Woche geackert.

Weiche Leiste

Quält Fußballer in besonderem Maße. Wie dieses Leiden zu behandeln ist, sagt uns heute Dr. med. Ulrike Muschaweck, Fachärztin für Chirurgie und Spezialistin für Hernienchirurgie aus München: „Die sicherste und schnellste Methode, eine weiche Leiste zu kurieren, ist das Operationsverfahren nach Earl Shouldice. Das Prinzip ist eine schichtweise Doppelung jeder der drei Bauchdeckenschichten, wobei die Gleitfähigkeit der einzelnen Muskelschichten erhalten bleibt. Die schlaffen Anteile der untersten Schicht, der sog. Transversalfaszie, müssen immer entfernt werden." Thema unserer nächsten Sendung: die Weiche Birne.

Wembley-Tor

Auch „Drittes Tor". Darüber haben Gerhard Henschel und Günther Willen in ihrem Standardwerk *Drin oder Linie?* (1996) das Erforderliche gesagt. Gilt als Synonym für etwas, was nicht ist, wie es heißt. Ein zeichentheoretisches Problem, verwandt dem → Phantomtor, ein krasser Fall des „arbitraire du signe", wie die Linguisten sagen. Auf jeden Fall steht für die zivilisierte Welt fest, daß Geoff Hursts (zugegeben schöner) Schuß in der 101. Spielminute des WM-Endspiels England gegen Deutschland am 30. Juli 1996 von der Unterkante der Latte höchstens *auf*, nie *hinter* die Linie prallte. Von den persönlich betroffenen Engländern abgesehen, hat das jeder gesehen, bis auf den Schweizer Schiedsrichter Dienst und seinen lettischen Linienrichter Bachramow. Dieser winkte irgendwas zusammen, und jener zeigte zur Mitte im Wembley-Stadion. Das deutsch-englische Verhältnis ist seither gespannt, woran auch Jürgen „Cleansman" mit seinem Tottenham-Jahr nichts Grundlegendes änderte. Die Debatten um wahnsinnige Rinder,

Sarah Ferguson, schädlichen Bullensamen usw. rühren daher. Die deutsche Mannschaft fand zwischenzeitlich häufig Gelegenheit, Revanche zu nehmen, so etwa 1970 beim schönen 3:2-WM-Sieg in Mexiko oder beim 3:1 des → Dream Teams um Günter → Netzer im Wembley-Stadion, vor Ort also, oder bei der Europameisterschaft '96, als die Engländer meinten, sie seien wieder wer („Football 's coming home"), und das Halbfinale gegen Deutschland im Elfmeterschießen verloren.

Das Wembley-Tor ist aus der Geschichte Deutschlands nicht wegzudenken und taugt auch als Gradmesser für Gegenwartsliteratur. Über Ulrich Peltzers preisgekrönten Roman *Stefan Martinez* (1995) etwa schrieb die Kritikerin und Lyrikerin Elke Schmitter: „Wer das Westdeutschland der sechziger bis neunziger Jahre lesen will, kann dieses Buch als seine Fibel nutzen." Leider scheitert schon die Probe aufs Exempel, wenn es über eine Romanfigur heißt: „... oder er verflucht den russischen Linienrichter Bahkramov, der den Kopfball von Hurst zum drei zu zwei ... entgegen jedem Augenschein als Treffer gab". Kopfball! Fibel der sechziger Jahre?

White, Jack

Schlagerproduzent (Tony Marshall u.a.). 1 Bundesligaspiel. Versucht seit x Jahren, mit viel Geld aus Tennis Borussia Berlin eine Mannschaft zu machen, für die sich irgend jemand interessiert. Der Berliner lehnt das ab.

Wichser

„Halt's Maul, du alter Wichser", soll Mehmet Scholl am 10. November 1995 beim Spiel Hansa Rostock gegen Bayern München seinem Trainer Otto Rehhagel zugerufen haben. Dieser wiederum gab zu Protokoll: „Ich habe nichts gehört." Zustände sind das.

Winterpause

Quälende Einrichtung: Mittendrin ist man in der Saison, es soll weitergehen, die Entscheidung über Meisterschaft und Abstieg fallen. Statt dessen: leere Wochenenden, sinnlose Fernsehübertragungen (Eisschnellauf [→ Fußballehrer], Bob, Volleyball), Zurückgeworfensein auf sich selbst.

Wo

Adverb, das in gesprochener Rede vielerorts das klassische Relativpronomen ersetzt. Spezialist dafür ist Jürgen Klinsmann: „Das Tor, wo ich da geschossen hab' …"

Wo's wehtut

Da gehen nur die toughen Kerle hin, die, die sich „durchbeißen", wie Bruno Labbadia, Heidi Mohr oder Stefan Kuntz. Aber: Die Sache greift um sich. Einem Bericht der „Frankfurter Allgemeinen" vom 28. 10. 1996 zufolge fordert Angela Merkel, Deutschlands Umweltministerin und Landesvorsitzende der CDU Mecklenburg-Vorpommern, ihre Parteifreunde auf: „Die CDU muß dorthin, wo es weh tut und die PDS schon lange ist." Labbadia – ein Mitglied der SED-Nachfolgepartei?

Wundermann

Nennt man den wie Helge Schneider und meine Mutter in Mülheim/Ruhr geborenen Trainer Jürgen Sundermann. Völlig überholte Bezeichnung, was etliche Vereine nicht davon abhielt, den Mann mit der Schäfchenfrisur immer wieder für ein paar Wochen oder Monate als irgendwas zu verpflichten. Sundermanns Gattin Monika war TV-Assistentin Hans Rosenthals (oder war es Wim Thoelke?) und darf diese Aufgabe auch im fortgeschrittenen Alter an der Seite von Dieter „Thomas" Heck ausüben. Irgendeine Beschäftigung braucht der Mensch.

Y

Yamasaki, Arturo

Peruaner aus der Soap „Schiedsrichter, die wir lieben". Verpfiff 1970 das WM-Halbfinale Italien gegen Deutschland (→ Schnellinger, Karl-Heinz) und weigerte sich standhaft, zahllose Elfmeter für die Mannen um Helmut Schön zu geben. Das wiederum inspirierte den Poeten Ror Wolf: „Der Catenaccio knirscht. Die Riesen wanken. / Mazzola fällt vor lauter Elend um. / Als Seeler blutet, bleibt die Pfeife stumm. / Das hat man Yamasaki zu verdanken." Gehört zu Recht ans Ende eines Lexikons.

Z

ZDF-Torwand

Damit sind wir groß geworden. Sechs Schüsse, „drei unten, drei oben", auf eine Holzwand mit zwei Löchern, „eins unten, eins oben". Wissenschaftlich gesehen versteht man darunter eine „quantifizierte Form des Fußballs" (Thomas Fatheuer).

Zeit

Unter dem unerträglichen Mangel an Zeit in unserer ungemein schnellebigen (→ Fußballehrer) Moderne klagt jeder. Nie Muße, ein gutes Buch zu lesen, mit den Kindern zu spielen, Tante Hermine im Altersheim zu besuchen, die Abstellkammer aufzuräumen oder endlich die Langsamkeit zu entdecken. Wer darüber nicht zu klagen hat, sind Stürmer, die ihrem Gegenspieler entwischt sind, völlig frei vor dem gegnerischen Torwart stehen und den Ball bloß noch einzuschieben brauchen. Diese haben dann „alle Zeit der Welt", ein gleichsam paradiesischer Zustand. Meist versagen die glücklich Beschenkten, versieben die Chance. Was ein Unglück.

Zeitschinden

Etwas tun, das nur so aussieht, als werde etwas getan, um zu verhindern, daß etwas passiert. Wenn man zwei Minuten vor Schluß 1:0 in Dortmund führt und Angriffswelle auf Angriffswelle gegen das eigene Tor rollt, darf man in den Mitteln nicht wählerisch sein: den Ball aufs Tribünendach jagen, den sterbenden Schwan, besser: den toten Mann, markieren, zum drittenmal unendlich umständlich auswechseln, den ungenügenden Abstand der Freistoßmauer mehrfach monieren. So schindet man Zeit.

Zerberus

Als es noch gut um die Schulbildung stand, wußte auch außerhalb Bayerns jedes Kind: Zerberus, das war bei den mythologisch bewanderten Griechen der Hund, der den Eingang in die Unterwelt strengstens überwachte. Heute kann damit kaum einer was anfangen, und deshalb sagt man zu Torhütern auch nicht mehr so.

Zeugwart

Wichtige Errungenschaft auf dem Weg zur Emanzipation. Früher, wir zitieren „Bild" aus dem Jahre 1954, verpuffte die Energie des Weibes bei niederen Aufgaben: „Die Frau bringt ohne Worte Opfer. Sie hält (...) das durchschwitzte Trainingszeug und die ewig dreckigen Sportschuhe sauber." Vorbei diese Zeit: Heute wirft der Spieler das Trikot in die Menge, tauscht es mit dem Gegner oder gibt es dem dienstbeflissenen Zeugwart. Der Spielerfrau bleibt so endlich Zeit für die wichtigen Dinge: Verträge aushandeln, Slipeinlagen testen und in Talkshows auftreten.

Ziege, Christian

Auch so ein Jungunternehmer des deutschen Fußballs. Hat es satt, ständig den Hautklärer „Clearasil" zugeschickt zu bekommen, und wechselt deshalb ins Ausland. Reizvoll, wenngleich unwahrscheinlich wäre es, wenn er dort unter Trainer Rolf Schafstall zu arbeiten hätte. Stelle man sich dieses Potential für eine lebendige Berichterstattung vor: „Schafstall holt Ziege vom Platz." Tierisch gut.

Zu

Zu wenig kommt oft aus dem Mittelfeld. Dann „verhungern" die Stürmer. *Zu* hart sind oft Elfmeter und Platzverweise. *Zu* klein sind oft Torhüter (wie Bernhard Wessel, Gerhard Heinze, Peter Kunter, Stefan Klos), die logischerweise dann nie groß rauskommen. *Zu* blöd ist viel.

Zuckerbrot

Vor dem → Bosman-Urteil konnte man damit Spieler zum Bleiben bewegen. Max → Merkel, der Meister der Didaxe, stimmte seine Spieler damit versöhnlich. Wurde es zu versöhnlich, gab's die Peitsche. Und die hat bekanntlich noch niemandem geschadet.

Zuordnung

Eleganter Ausdruck aus der Systemtheorie des Fußballs. Hat mit den Räumen, der Pärchenbildung und überhaupt mit Taktik und dergleichen zu tun. Kluge Reporter erkennen blitzschnell, wenn alle durcheinander laufen und die Zuordnung mal wieder nicht stimmt.

Zweiter Frühling

Geschenk des Himmels, das älteren Spielern zu einer Renaissance verhilft, obgleich sie eigentlich schon im Spätherbst ihrer Karriere stehen. Uli Stein erlebte dieses Naturereignis mehrfach. Bei Büchern spricht man von „zweiter Auflage" – was wir dem vorliegenden, hiermit schließenden von ganzem Herzen wünschen.

Literaturauswahl

Ein Fußballbuch schreibt sich nicht allein auf der Grundlage des schriftlich Überlieferten. Was seit Kindertagen ans Ohr drang und woher, das läßt sich im nachhinein nicht immer zweifelsfrei nachweisen. Die im folgenden aufgelisteten Texte wurden auf jeden Fall zu Rate gezogen; rein literarische Arbeiten sind, Anthologien ausgenommen, nicht aufgeführt.

Christoph Bausenwein: Geheimnis Fußball. Auf den Spuren eines Phänomens. Göttingen: Die Werkstatt, 1995

Reinhold Beckmann/Sven Böttcher: *Liebes*Leder. Der kleine Fußballberater. München: Goldmann, 1996

Thomas Bender/Ulrich Kühne-Hellmessen: Herrlich verrückte Bundesliga. Gelsenkirchen: WVG, 1993

Sibylle Berg: Eine Frau steht im Abseits. In: Allegra, H. 6, 1996, S. 36–44

Christoph Biermann/Thomas Lötz: Wer ist am Ball? 855 knifflige Fragen für Fußballfans. Frankfurt/Main: Eichborn, [3]1993

Christoph Biermann: Wenn du am Spieltag beerdigt wirst, kann ich leider nicht kommen. Die Welt der Fußballfans. Köln: Kiepenheuer & Witsch, 1995

Hans Blickensdörfer: Ein Ball fliegt um die Welt. Stuttgart: Union, 1965

Hans Blickensdörfer: Ein Ball fliegt um die Welt. Hg. von Dieter Reiber. Stuttgart: Deutsche Verlags-Anstalt, 1994

Hans Blickensdörfer: Jürgen Klinsmann. Stuttgart: Engelhorn, 1995

Uwe Bornemeier (Hg.): Lob der Bundesliga. Bekenntnisse und Ansichten über die wichtigste Nebensache der Welt. Essen: Klartext, 1988

Helmut Böttiger: Kein Mann, kein Schuß, kein Tor. Das Drama des deutschen Fußballs. München: Beck, 1993

Helmut Böttiger: Günter Netzer. Manager und Rebell. Autorisierte Biographie. Frankfurt/Main: Simader, 1994

Horst Bredekamp: Florentiner Fußball: Die Renaissance der Spiele. Calcio als Fest der Medici. Frankfurt a.M./New York: Campus, 1993

Paul Breitner/Bernd Schroeder (Hg.): Kopf-Ball. Frankfurt/Main [u. a.]: Ullstein,1982
Volker Caysa (Hg.): Sport ist Mord. Texte zur Abwehr körperlicher Betätigung. Leipzig: Reclam, 1996
Volker Caysa (Hg.): Sportphilosophie. Leipzig: Reclam, 1997
Fabian Clemens u. a.: Die 100 des Jahrhunderts: Fußballer. Reinbek: Rowohlt, 1996
Klaus Dermutz: König in der Wüste. In memoriam Ernst Happel, dem Thomas Bernhard des österreichischen Fußballs. In: Frankfurter Rundschau, 8.1.1994
Wolfgang Ebinger (Hg.): Kleine Geschichten für Fußballfans. Stuttgart: Engelhorn, o. J.
Christiane Eisenberg (Hg.): Fußball, soccer, calcio. Ein englischer Sport auf seinem Weg um die Welt. München: Deutscher Taschenbuch Verlag, 1997
Peter Elba: Super, Berti! Der Bundestrainer in seiner ganzen Pracht. Frankfurt/Main: Eichborn, 1994
„Elf Freunde müßt ihr sein!" Einwürfe und Anstöße zur deutschen Fußballgeschichte (= Geschichtswerkstatt 28). Freiburg: J. Haug, 1995
Hartmut Esser: Der Doppelpaß als soziales System. In: Zeitschrift für Soziologie 20 (1991), S. 153–166
Thomas Fatheuer: Eigentore. Soziologie und Fußball. Münster: Westfälisches Dampfboot, 1985
Beate Fechtig: Frauen und Fußball. Interviews, Porträts, Reportagen. Dortmund: eFeF, 1995
Jan Feddersen: Das allerletzte Reservat. In: Die Woche, 25.5.1995
FIFA Museum Collection. 1000 Jahre Fußball. Berlin: edition q, 1996
Wilhelm Fischer: Fußball-Weltmeisterschaft England 1966. Deutschland ist Vizeweltmeister. Göttingen: W. Fischer, 1966
Manfred Fock (Hg.): So war es. Jugendfußball gestern – und heute? Adelshofen: Fangorn, 1994
Manfred Fock (Hg.): Der Schiedsrichter im Fußballsport oder Was heißt hier unparteiisch? Adelshofen: Fangorn, 1996
Manfred Fock: Der letzte Spieltag. Ein Bericht. Adelshofen: Fangorn, 1996
Wolfgang Frank (Hg.): Nach dem Spiel ist vor dem Spiel. Die wunderbare Welt des Fußballs. Reinbek: Rowohlt, 1996
Alfred Georg Frei: Finale Grande. Die Rückkehr der Fußballweltmeister 1954. Berlin: Transit, 1994

Joachim Frenz/Andreas Sandmann (Hg.): Satanische *Fersen*. Kritisches, Abseitiges und Komisches rund um den Fußball. Kassel: Agon, 1994

Fußball in der Kunst. Ausstellung und Katalog: Pfalzgalerie Kaiserslautern. Kaiserslautern: o.V., 1989

Kurt Graßhoff: Das Thema Fußball in der dramatischen Literatur. In: Olympische Jugend 39 (1994), H. 4, S. 18–19

Hardy Grüne: 90 Jahre deutscher Liga-Fußball. Kassel: Agon, 1995

Thomas Gsella/Heribert Lenz/Jürgen Roth: So werde ich Heribert Faßbender. Grund- und Aufbauwortschatz Fußballreportage. Essen: Klartext, 1995

Georges Haldas: Die Legende vom Fußball. Aus dem Französischen von Hugo Meier. Zürich: Pendo, 1994

Klaus Hansen: Hart am Ball. Fußball-Satiren. München: Copress, 1988

Klaus Hansen (Hg.): Verkaufte Faszination. 30 Jahre Fußball-Bundesliga. Essen: Klartext, 1993

Ludwig Harig/Dieter Kühn (Hg.): Netzer kam aus der Tiefe des Raumes. Notwendige Beiträge zur Fußball-Weltmeisterschaft. München: Hanser, 1974

Ludwig Harig: Der Fußball. In: L.H.: Heilige Kühe der Deutschen. Eine feuilletonistische Anatomie. München/Wien: Hanser, 1981, S. 55–58

Sonja Hartl (Hg.): Fußballgeschichten. Würzburg: Arena, 1994

Manfred Hausmann: Spiegel des Lebens. Festrede zum 60jährigen Jubiläum des Deutschen Fußball-Bundes. Berlin: Omnium, 1960

Uta-Maria Heim: Ein Mann, ein Schuß, ein Tor. In: Stuttgarter Zeitung, 23.6.1990

Arthur Heinrich: Tooor! Toor! Tor! 40 Jahre 3:2. O.O.: Rotbuch, 1994

Doris Henkel: Lothar Matthäus. München: Copress, 1993

Eckhard Henscheid: Wie Max Horkheimer einmal sogar Adorno hereinlegte. Anekdoten über Fußball, Kritische Theorie, Hegel und Schach. Zürich: Haffmans, 1983

Eckhard Henscheid: Eintracht und Wehmut. In: E.H.: Erledigte Fälle. Bilder deutscher Menschen. Frankfurt/Main: Zweitausendeins, 1986, S. 77–81

Eckhard Henscheid: Dummdeutsch. Ein Wörterbuch. Stuttgart: Reclam, 1993

Gerhard Henschel/Günther Willen: Supersache! Lexikon des Fußballs. Greiz: Weisser Stein, 1994
Gerhard Henschel/Günther Willen: Drin oder Linie? Alles übers dritte Tor. Leipzig: Reclam, 1996
Wolf von Henschelsberg (Hg.): Fußballwitze und -sprüche. Frankfurt/Main: Eichborn, 1991
Dieter Hildebrandt: Über die Bundesliga. Die verkaufte Haut oder Ein Leben im Trainingsanzug. Luzern/Frankfurt: Bucher, 1979
Roman Horak/Wolfgang Reiter (Hg.): Die Kanten des runden Leders. Beiträge zur europäischen Fußballkultur. Wien: Promedia, 1991
Gert Hortleder: Die Faszination des Fußballspiels. Soziologische Anmerkungen zum Sport als Freizeit und Beruf. Frankfurt/Main: Suhrkamp, 1974
Johan Huizinga: Homo Ludens. Vom Ursprung der Kultur im Spiel. Aus dem Niederländischen übertragen von H. Nachod. Reinbek: Rowohlt, 1987
Dieter Käfer: Rudolph Beck-Dülmen. Denker in dunkler Zeit. Weingarten: Drumlin, 1985.
Jürgen Leinemann: Sepp Herberger. Ein Leben, eine Legende. Berlin: Rowohlt, 1997
Peter Linden: 58, 59, 60! TSV München 1860: 333 trickreiche Fragen für echte Löwen-Fans. Frankfurt/Main: Eichborn, 1994
Sepp Maier: „Ich bin doch kein Tor". Hamburg: Hoffmann und Campe, 1980
Lutz Mathesdorf/Volker Sponholz: Bertis Buben. Reinbek: Rowohlt, 1996
Heribert Meisel/Hans-Jürgen Winkler: Fußball 66. Weltmeisterschaft, Bundesliga, Europa-Pokale. München: Südwest, 1966
Rudolf Meldau: Kleine Deutschlandkunde für Ausländer. Wichtige Sachgebiete und ihr Wortschatz. Berlin: E. Schmidt, [11]1979
Roderich Menzel: Die besten elf Torhüter. Düsseldorf: Hoch, 1969
Lothar Mikos/Harry Nutt: Als der Ball noch rund war. Sepp Herberger – ein deutsches Fußballeben. Frankfurt am Main/ New York: Campus, 1997
Modellversuch Journalisten-Weiterbildung der Freien Universität Berlin (Hg.): Der Satz „Der Ball ist rund" hat eine gewisse philosophische Tiefe. Berlin: Transit, 1983
Rainer Moritz: Dann macht es bumm. Der Fußball als ästhetisches Ereignis. In: Rheinischer Merkur, 17.6.1994

Rainer Moritz (Hg.): Doppelpaß und Abseitsfalle. Ein Fußball-Lesebuch. Stuttgart: Reclam, 1995
Bernd Müllender/Jürgen Nendza (Hg.): Gib mich die Kirsche, Deutschland! Bunte Liga und Alternativfußball. Essen: Klartext, 1992
Dietrich zur Nedden (Hg.): Das Freiburg-Fieber. Ein Lesebuch zum SC Freiburg. Frankfurt/Main: Simader, 1995
Walter Olma: Das „Fußballerische des Lebens“. Einige präliminierende Bemerkungen zu einem unerschöpflichen Thema. In: Heinz Ludwig Arnold (Hg.): Text + Kritik 107 (1990): Eckhard Henscheid
Wolfgang Overath: Ja, mein Temperament! Fußball vor und hinter den Kulissen. Hg. von Karlheinz Mrazek. Köln: DuMont, 1970
Dieter Pauly: Abpfiff. Rückblick eines Schiedsrichters. München: Copress, 1990
Jo Pestum (Hg.): Kalle seine Beine. Sport-Satiren. Reinbek: Rowohlt, 1984
Hans-Albrecht Pflästerer: Die Macht der Banane. Manche Spieler sind fromm – fast alle sind abergläubisch. In: Spiegel-special 6/1996, S. 32
Präsidium des Hamburger Fußball-Verbandes (Hg.): 100 Jahre Fußball in Hamburg. Hamburg: Kruck, 1994
Petar Radenkovic: Das Spielfeld ist mein Königreich. München: F. Schneider, 1966
Karl Riha (Hg.): fußball literarisch oder Der Ball spielt mit den Menschen. Erzählungen, Texte, Gedichte, Lieder, Bilder. Frankfurt/Main: Fischer, 1982
Bernd Rohr/Günter Simon: Fußball-Lexikon. München: Copress, 1993
Jürgen Roth/Klaus Bittermann: Wieder keine Anspielstation. Fußballexperten: Die Kommentare des Grauens. Berlin: Tiamat, 1996
Franz Rottensteiner (Hg.): Kleine Bettlektüre für begeisterte Fußballfans. Bern u.a.: Scherz, o.J.
Eike Schönfeld: Alles easy. Ein Wörterbuch des Neudeutschen. München: Beck, 1995
Ulfert Schröder: Günter Netzer. Aktualisierte Neuauflage. München: Copress, 1991
Dietrich Schulze-Marmeling: Der gezähmte Fußball. Zur Geschichte eines subversiven Sports. Göttingen: Die Werkstatt, 1992

Toni Schumacher: Anpfiff. Enthüllungen über den deutschen Fußball. München: Droemer Knaur, 1987

Dirk Schümer: Gott ist rund. Die Kultur des Fußballs. Berlin: Berlin Verlag, 1996

Karl Schwarz (Hg.): Dichter deuten den Sport. Literarische Essays und Porträts. 2 Tle. Schorndorf: Hofmann, 1967

Karl-Heinz Schwarz-Pich: Der Ball ist rund. Eine Seppl Herberger-Biographie. Ubstadt-Weiher: Verlag Regionalkultur, 1996

Martin Seel: Anfänge der Fußballbetrachtung. In: Merkur 44 (1990), S. 519–524

Martin Seel: Die Zelebration des Unvermögens. Zur Ästhetik des Sports. In: Merkur 47 (1993), S. 91–100

Uwe Seeler: Die Tragik des Lattenschusses. In: Süddeutsche Zeitung. Magazin, 24.6.1994

Norbert Seitz: Kohl & Maradona. Politik und Fußball im Doppelpaß. Frankfurt/Main: Eichborn, 1990

Johann Skocek/Wolfgang Weisgram: Wunderteam Österreich. Scheiberln, wedeln, glücklich sein. Wien: Orac, 1996

Jürgen Stark/Klaus Farin: Das Fußball-Lesebuch. Reinbek: Rowohlt, 1990

Klaus Stein: Abseits bis Zweikampf. Ein Fußball-ABC. Frankfurt/Main: Insel, 1994

Uli Stein: Halbzeit. Eine Bilanz ohne Deckung. Frankfurt/Main: Simader, 1993

Mary Thürmer/Markus Götting: Jürgen Klinsmann. Vom Weltmeister zum Superstar. München: Heyne, 1996

Der tödliche Paß. Zeitschrift zur näheren Betrachtung des Fußballspiels, München, 1 ff. (1995 ff.)

Heinrich Väth: Profifußball. Zur Soziologie der Bundesliga. Frankfurt/Main: Campus, 1994

Meike Wolff (Hg.): Oh, Tor! Doppelpässe und Abseitsgeschichten für Fußballer und Fans. Reinbek: Rowohlt, 1985